Milton Keynes UK
Ingram Content Group UK Ltd.
UKHW020912300424
441987UK00014B/644

9 789948 755326

المهارات الخمس لصياغة قانونية رفيعة

كيف تسطِّر مسيرتك المهنية بقلمك في خمس خطوات سريعة

للقانونيين وطلاب القانون من المحيط إلى الخليج
(الطبعة الثانية، مزيدة ومنقحة)

أيمن عبد الرحمن خير

ملحوظة وإخلاء للمسؤولية

إن المؤلف لا يُقدِّم أي ضمانات من أي نوع كان حول ملائمة هذا الكتاب لأي غرض معين أو تحقيق أي هدف بعينه. لقد أعددتُ هذه النسخة لأغراض تعليمية ومعرفية بحتة، وبذلك فإنها لا تُغني عن الحصول على استشارة قانونية من محامٍ متخصص في المسألة موضوع البحث، ثم إن المؤلف لا يتحمل أي مسؤولية من أي نوع كان قد تنتج من استخدام هذا الكتاب.

ISBN 978-9948-755-32-6

رقم إذن الطباعة: رقم الطلب MC-01-01-2611456

تمت الطباعة بمطابع لايتننج سورس حول العالم

تم تصنيف وتحديد الفئة العمرية التي تلائم محتوى الكتاب وفقاً لنظام التصنيف العمري الصادر عن مجلس الإمارات للإعلام.

ماذا قالوا عن هذا الكتاب؟

اتقان فن الصياغة القانونية هو أساس نجاح العاملين في المجال القانوني، ومن يبحث عن إتقان هذا الفن والتميز والإبداع والنجاح فيه فإن هذا الكتاب يقدم إجابات شافية وحلولًا عملية في هذا المجال. يجمع المؤلف وبأسلوب شائق وجميل بين التبسيط في الشرح دون إخلال وتقديم المعلومة التي يحتاج إليها القانوني، وذلك يجعل هذا الكتاب في قائمة الكتب التي لا غنى عنها لكل القانونيين العرب. الكتاب يجمع بين الممارسات العالمية وما يحتاج إليه القانوني العربي، مراعيًا خصوصية مهنة القانون في الدول العربية. إن المكتبات العربية في حاجة ماسة إلى مثل هذا الكتاب لأنه من قبيل الدروس العملية التي تحضِّر القانوني للعمل اليومي في المهنة.

تحوي الطبعة الثانية من هذا الكتاب إضافات ثرة تجعله يواكب التطورات التي تمر بها مهنة القانون.

د. حسين الغافري
خبير قانوني في علم الجرائم الإلكترونية والتدريب القانوني، وعميد عمادة القانون بالجامعة العربية المفتوحة بسلطنة عمان.

****

يغلب الطابع التنظيري على التأليف في العلوم القانونية، فأغلب الكُتاب والباحثين يسخرون أقلامهم في شرح القوانين ومناقشة المشاكل العملية التي تخص تطبيق القواعد القانونية وسُبُل الوصول إلى الأحكام الأكثر انسجاماً مع روح العدل والإنصاف، كما يقوم باحثون آخرون باستقراء الأحكام القضائية التي تصدر بصدد حل المنازعات. وليس سرًا القول أنّ التأليف في مجالات التحضير الاستباقي للعمل القانوني في الحياة اليومية قليل بالمقارنة مع الكتاب الأكاديمي أو العملي الخاص بسير القضاء. يقوم الأستاذ أيمن عبد الرحمن خير في هذا الكتاب بالتأكيد على أهمية تعاضد علوم ومهارات مساندة للعمل القانوني والقضائي، ولعلّ مهارة "الصياغة" هي المهارة الأبرز وضوحًا في سلم احتياجات الممارس القانوني. ففي هذا الكتاب، دعوة جديّة إلى الابتعاد عن الطريقة العشوائية في كتابة أو صياغة المستند القانوني، نحو تسلسل منهجي ينظم طرائق التفكير

وبالتالي ينظم تسلسل ما ينتجه العقل من أفكار تُصبّ في خدمة مذكرة أو مستند يُقدّم إلى جهة ذات اختصاص. إنّ كتاب "المهارات الخمس لصياغة قانونية رفيعة" يعدُّ كتابًا عمليًا تطبيقيًا يؤسس لنشاط ذهني يقوم على المنطق المنظم، فهو مادة مفيدة لكل من يمارس النشاط القانوني ليُرشده إلى معرفة الظروف الذهنية والنفسية والعملية التي تحيط بكاتب المُستند وصائِغه، قبل القيام بعملية الصياغة وكذا بعد إتمام مسودتها.

د. علي فيصل الصديقي

أستاذ قانون غير متفرغ في قسم القانون الخاص - كلية الحقوق، بجامعة البحرين وجامعة العلوم التطبيقية بمملكة البحرين.

***

هذا السفر يعتبر نوعًا مختلفًا من أنواع الكتابة القانونية، فهو لا يقدم السمكة لطالب المعرفة وإنما يقدم له السنارة ويعلمه كيف يتولى بنفسه التعامل مع المعلومة وكيف يحصل عليها، فهو يعطيه الأداة التي يحتاجها كل قانوني حريص على النجاح، فهو ببساطة يبني العقلية القانونية الفعالة التي تتيح لطالب القانون وللممارس أن يكون قانونيًا ناجحًا ومتميزًا.

أهنئ الأستاذ ايمن على هذا السفر وأشد على يده لمثابرته واجتهاده وتميزه وعلى رفده المكتبة لا أقول السودانية، ولكن العربية بهذا السفر الرائع. وأنا أعتقد أن الكتاب سيحقق خلال السنوات القادمة انتشارًا كبيرًا وسيصبح المرجع الأساس الذي لا غنى عنه لكل قانوني باحث عن النجاح والتميز.

د. عبد الباقي حامد محمد الجزولي

قانوني ومستشار قانوني بخبرات دولية في كل من السودان ودولة قطر، وهو مؤلف كتاب (الأسرار التجارية). يحمل د. عبد الباقي الجزولي درجة ماجستير القوانين من جامعة الخرطوم ودكتوراة الفلسفة في القانون (قانون تجاري) من جامعة الخرطوم، وهو يعمل كمستشار قانوني لإحدى مؤسسات دولة قطر.

الإهداء

إلى روح والديَّ رحمهما الله وأنزلهما فسيح جناته. إلى روح والدي الذي كانت حياته متمحورة حول القرآن وتعلُّمه وتعليمه، والذي يرجع إليه الفضل بعد الله (سبحانه) في تعليمي حب العلم والتعلم.

إلى أبنائي ورفقاء دربي عبير وعبد الرحمن وديمة الذين استلهمتُ منهم السعي والاجتهاد لتوفير أسباب العلم والتعلم. إلى أشقائي وشقيقاتي الذين كانوا وما زالوا بجانبي في كل خطوة يقدمون الدعم والدعاء والحب بلا شرط ولا قيد. إلى الشعب العماني المضياف الذي احتضنني وأسرتي سنواتٍ عدَّة، وهذا ما دفعني إلى العودة للعيش في عمان بعد رحلة هجرتي إلى كندا.

إليكم جميعًا أهدي هذا الكتاب الذي أسأل الله أن يكون سببًا في زيادة الوعي بأهمية الصياغة القانونية وأن يكون إضافة إلى المكتبة القانونية العربية.

أيمن عبد الرحمن خير

الدوحة، مارس 2024

جدول المحتويات

جدول المحتويات التفصيلي

Table of Contents

تمهيد

"ليس من المحتَّم عليك الكتابة بصورة جيدة، مجرد الكتابة هي الجنة".

ناتالي جولدبيرج

قصة الكتاب

الكتابة تلبِّي رغبات عميقة لدى الإنسان

منذ قديم الأزل كانت للإنسان حاجة عميقة في تخليد اسمه بعد موته، وكان يلبيها بعدة طرق. فقد كان ملوك مملكة كوش النوبية وفراعنتها وقدماء المصريين يبنون الأهرامات لدفنهم بغرض تخليد اسمهم بعد مماتهم. لكنْ كانت الكتابة من الوسائل التي استخدمها الإنسان أيضًا لكي ينقل تجاربه إلى الآخرين، فقد رسم إنسان الكهوف الحيوانات التي اصطادها وقصص المعارك التي خاضها، وكلها ألوان من الكتابة التي ينقل بها الإنسان قصته وتجاربه إلى الأجيال القادمة (عماد، 2018). فالكتابة تُلبِّي حاجة متأصلة في الإنسان في أن ينقل قصته وأفكاره إلى الأجيال القادمة مُخلِّدًا بذلك اسمه وراسمًا بذلك بصمته في ذاكرة الزمان. والقانونيون ليسوا استثناءً، فمن خلال كتاباتهم ينقلون أفكارهم وتجاربهم داخل مهنة القانون وخارجها. إذن إجادة الكتابة تتوافق

وإحدى الرغبات الأساسية للفرد وتحقق له إشباعًا لا نظير له، وبصورة لا تضاهيها أي صورة أخرى من صور الإشباع الذاتي. لذلك ففي هذا الكتاب ستتعرَّف الاستراتيجيات التي تساعدك على إجادة فن الكتابة والتعبير عن الذات ونقل أفكارك إلى العالم من حولك بصورة مرتبة ومتسقة مع أهدافك ومراميك.

وإذ إن الكتابة هي أهم أداة يستخدمها القانوني في أداء واجباته، فإن صقل هذه الأداة وتطويرها هو هدف هذا الكتاب، فالقانوني هو كاتب في المقام الأول، ولكنه كاتب من طراز خاص.

لماذا المهارات الخمس؟

لقد تأثرتُ كثيرًا بكتاب ستيفن كوفي **"العادات السبع للناس الأكثر فعَّالية"** (وأنصح الجميع بقراءته). وحيث يقترح كوفي المهارات السبع كطريقة ونظام للحياة (كوفي،2018، من صفحة 58 إلى 75) فإنني أضع المهارات الخمس كطريقة للكتابة بحيث تصبح جزءًا من حياتك المهنية. ولا يعني ذلك أن عليك أن تطبقها بحذافيرها في كل مستند تكتبه، لكنِ استخدمها كوسيلة لرسم خريطة الطريق بحيث تأخذ منها ما يناسبك وبالطريقة التي تخدم أهدافك.

في هذا الكتاب ستدرك أن لب الكتابة القانونية يعتمد على قدرتك على تقمُّص شخصيات متعددة تناسب المهارة أو المرحلة التي تمرُّ بها الكتابة القانونية. فمن خلال التجارب التي مررتَ بها فإن التهيئة الذهنية المناسبة كانت حجر الزاوية في الكتابات الناجحة التي كتبتها. بمعنى آخر، فإن المسألة تعتمد على الاستعداد الذهني والحالة الذهنية والنفسية التي تضع فيها نفسك في كل مرحلة من مراحل الكتابة.

إن تعرُّف المهارات الخمس يُمهِّد الطريق لكي تكون لك طريقتك الخاصة في الكتابة بصورة منهجية وعلمية بحيث تتواءم مخرجات الكتابة والأهداف التي ترمي إلى تحقيقها. ثم إنها تساعدك على التفكير النقدي والتحليلي بصورة منطقية بحيث تتعمق معرفتك بالموضوع الذي تكتب عنه، فقد أثبتتِ الدراسات أن الكتابة تُشكِّل عنصرًا قويًّا في التركيز وفي الفهم. فحين تكتب أفكارك فإنك تعمل عملًا فكريًّا وإبداعيًّا في وقت واحد، وبذلك تُنشِّط خلايا العقل بشقيه الأيمن والأيسر، فيتسع الإدراك وتتدفق الأفكار من خلال الكتابة. إن الكتابة نشاط ذهني فريد يُنمِّي العقل ويُنشط خلاياه، وينتج عن هذه العمليات الفكرية اتساع في المعرفة والخيال والإبداع بصورة تُحقِّق المتعة والإنجاز في آن واحد. بل إن كتابة الخواطر والأحاسيس التي تمرُّ بها قد يكون لها تأثير السحر في تحسين المزاج والوصول إلى حالات السكينة والطمأنينة عندما تلطمنا أمواج الحياة العاتية وتعصف بنا هموم الدنيا ومشكلاتها.

إن منهجية المهارات الخمس التي يعرضها هذا الكتاب مستمدَّة من تجارب تراكمت في عشرات السنين، بالإضافة إلى دراسة أقوال الخبراء من مختلف دول العالم، فهي تشكل طريقة علمية ومنهجية وتصلح كأساس للكتابة، سواء كان ذلك باللغة العربية أم اللغة الإنجليزية (مع مراعاة خصوصية كل لغة). إنني لا أقول هنا بأن هذا الكتاب سيدرسك الكتابة باللغة الإنجليزية، وإنما أقصد أنه يمكنك أن تستفيد من المنهجية العلمية التي تقدمها المهارات الخمس وتُطبِّقها حتى حينما تكتب باللغة الإنجليزية. ومن ناحية أخرى فإن مهارات التعلم وإستراتيجيات التطور المهني التي تتضمنها المهارة الأولى في هذا الكتاب لا تقتصر على الكتابة القانونية، وإنما يمكن تطبيقها على جميع نواحي الحياة المهنية والشخصية على حد سواء.

في الجزء الثاني من الكتاب ستجد أمثلة تطبيقية للمهارات الخمس، وكيف يمكن ترجمتها على الواقع العملي من خلال تناول صياغة الاستشارات القانونية وصياغة المذكرات القانونية، إذ إن هذين الموضوعين يشكلان حجر الزاوية في أعمال الصياغة القانونية التي يمارسها معظم المشتغلين بمهنة القانون. وستجد أيضًا أمثلة لنماذج صحف دعاوى يمكنك استخدامها في صياغة صحف الدعاوى بالإضافة إلى قائمة تذكرك بالأعمال المطلوبة.

رسالتك إلى العالم

بعدما تتقن فن الكتابة تتاح لك الفرصة للتأثير في العالم من حولك، وبذلك تتاح لك الفرصة لإحداث التغيير. فأنت كونك قانونيًّا عليك واجب الدفاع عن قضايا موكلك وحقوقه، لكنْ عليك أيضًا الإسهام بقدر ما تستطيع في أعمال المساعدة القضائية من خلال التبرع للدفاع مجانًا عمَّن لا يملكون القدرة على توكيل محامٍ ضمن المسؤولية الملقاة على عاتقك بموجب مواثيق المهنة، لأن الفقر يجب ألا يكون حاجزًا يمنع المحتاجين من الحصول على العدالة.

الكتابة أيضًا ستمدكَ بالوسائل الكفيلة لزيادة الوعي بين أفراد المجتمع بالمسائل القانونية التي تهمُّ حياتهم ومصالحهم وتُجنِّبهم الإشكالات القانونية التي تنجم عن الجهل بالقانون. ستمدُّك الكتابة بالوسائل اللازمة لخدمة القضايا التي تهم مجتمعك أيًّا كان نوع هذه القضايا ما دامت

تخدم مصالح الناس كافة وتنفعهم بصرف النظر عن طبقتهم الاجتماعية، أو جنسيتهم، أو معتقدهم، يقول الله تعالى: (**ولقد كرَّمنا بني آدم وحملناهم في البر والبحر**). وعليه فإن تكريم الإنسان جاء بسبب تكريمه من قبل خالقه لأن الله قد خلق جميع البشر، ومن ثَمَّ فإن البشر يستحقون الكرامة الإنسانية لأنهم من صنع الله (سبحانه وتعالى).

الكتابة هي البوابة

"الكتابة مثل الشعوذة، لا يكفي إخراج الأرنب من القبعة، بل يجب عمل ذلك بأناقة وطريقة ممتعة".

إيزابيل الليندي

إذا كنتَ تقرأ هذا الكتاب فهذا يعني أنك شخص يسعى إلى القمة والتميز في مجال الكتابة القانونية، ويسعى إلى الوصول بكتابته إلى المرحلة التالية من الإجادة والإتقان. لكنْ مهما كان الغرض الذي تسعى إليه، فإني أود أن أعبِّر لك عن شكري لاختيارك هذا الكتاب، وعلى سماحك لي أن أصحبك في هذه الرحلة التي سنقضيها معًا. هذا الكتاب سيُغيِّر نظرتك إلى الكتابة القانونية التي كنتَ تمارسها قبل قراءته.

بعد قراءة هذا الكتاب ستتعرَّف مهارات كامنة لديك، ولكنها كانت في حالة سكون تنتظر الشرارة التي تُشعِلها للانطلاق في فضاءات الكتابة القانونية، لتجعل الكتابة أكثر متعة وأكثر إشباعًا. وستصبح أكثر ثقة بمهاراتك كونك كاتبًا قانونيًّا محترفًا، وهذا ما سيقودك إلى مزيد من النجاح، هل أنت مستعد للتحدي؟

متى كانت المرة الأخيرة التي شحذت فيها فأسك؟

يُروى عن الرئيس الأمريكي لينكولن مقولته الشهيرة: "لو كان لدي ثماني ساعات لقطع شجرة لأنفقت منها ست ساعات في شحذ فأسي". من أخطر الآفات التي نعانيها نحن معشر القانونيين أننا مشغولون بقطع الأشجار دون أن نولي الاهتمام الكافي بشحذ[1] أهم أداة نستخدمها في مهنتنا، وهي كتابتنا. فبعد تخرجنا في كليات القانون واجتيازنا دورات التدريب المقررة والامتحانات المؤهلة، ومن ثَمَّ نيلنا رخصةَ ممارسة المهنة، فإن معظمنا ينهمك في أعمال القانون المتعلقة

(1) لتعرف مفهوم شحذ الفأس انظر إلى المرجع السابق لستيفن كوفي (2018) ص 321 وما بعدها.

بالصياغة القانونية معتمدًا على ما تعلمه في مرحلة الدراسة الجامعية وما تعلَّمه من المحامي الذي تدرَّب على يديه في مرحلة التدريب التأهيلي، دون تخصيص الوقت والموارد اللازمين لتحسين مهارات الكتابة القانونية بطريقة علمية ومنهجية، ويقول ليونارد دافنشي: "تمامًا مثلما يصدأ المعدن من عدم الاستعمال، يؤدي الخمول إلى إطفاء بريق الذكاء"، (آندرسون، 2008، صفحة 126).

إن التقاليد التي نتوارثها عن الأجيال السابقة من المحامين تُسهِم في خلق قناعات مُترسِّخة عن أسلوب الكتابة القانونية الذي نتبعه دون أن نتفحَّص ذلك بصورة ناقدة ومستقلة. وعليه تكون النتيجة هي سيادة أنماط من الكتابة القانونية ورثناها عن الأجيال السابقة، ونورِّثها لمن يلينا من المحامين الذين يضعهم حظهم في مرمى سهام إشرافنا وقيادتنا. وحين نُسأل عن ذلك فإن جوابنا هو: إن هذا ما وجدنا عليه آباءنا ونحن على آثارهم مقتدون.

من النقد الذي يطال الكتابات القانونية أنها تتسم بالحشو والتَّكْرار والجفاف وأنها تضج بعبارات عفاها الدهرُ، ومن ثَمَّ فهي تبعث الملل في نفس القارئ، وينفر منها غير القانونيين بحيث لا يقرأها صاحب الحاجة إلا مُضطرًّا، سواء أكان ذلك المسكين هو طالب في كليات القانون يحتاج إليها للتخرج في الكلية، أم محامٍ بُذِلَ له المال لكي يقرأها، أم قاضٍ عليه إصدار حكم في دعوى أمامه ولا خيار له سوى قراءتها. افتحْ أحد الملفات التي تعمل عليها وانظر إلى المذكرة التي كتبها محامي الخَصْم، هل تشعر بالتشوق إلى قراءتها؟ ماذا عن آخر حكم اطلعت عليه؟ أسترغب في قضاء أمسية الخميس في الاستمتاع بقراءته؟ هل تشعر أنك تحتاج إلى "بنادول" بعد قراءة العديد من المذكرات؟

ومن خلال مسيرتي في مهنة القانون ومن خلال اطلاعي على المذكرات القانونية وكتابات القانونيين، فإني أجد أن هذا النقد في محله، إذ إنني لم أسلم من هذه الآفات التي كانت تُصيب كتاباتي القانونية من مذكرات أو عقود أو مقالات. وكانت المرة الأولى التي أتنبَّه فيها لهذا الخلل من خلال بروفيسور بجامعة تورنتو في كندا عندما واجهتني صِعاب في الوفاء بمتطلبات المذكرات المطلوبة في الكلية بسبب النقص الذي كان يشوب كتاباتي القانونية في ذلك الوقت. وفي أثناء

رحلتي في علاج هذا الخلل تعرَّفت نظام المهارات الخمس الذي أعرضه في هذا الكتاب. في البداية ذُهِلْتُ من ملاحظات البروفيسور لأنها تناولت أساليب كنتُ أعدها من المسلَّمات. وهنا قد يقول البعض إن هذه الصِعاب والملحوظات خاصة بالكتابة باللغة الإنجليزية ولا يجوز إعمالها على الكتابة باللغة العربية للاختلاف البيِّن بين اللغتين. ولكنَّ هذا القول في غير محله، لأن العيوب المتعلقة بالإطالة والتَّكْرار لم تسلم منها كتابات القانونيين الذين يكتبون باللغة الإنجليزية أيضًا، بسبب أن مصدر هذه العيوب واحد في الحالتين: وهو اتباع تقاليد متجذرة تقاوم التغيير.

ومن النقد الذي يطال كتابات بعض القانونيين أيضًا أنها تتجاهل بعض قواعد النحو والصرف التي يلتزم بها الكتَّاب في مجالات أخرى مثل الأدب والإعلام. وقد يردُّ القانونيون على النقد الموجه إلى كتاباتهم بأن هذا النقد يخطئ فهم الطبيعة الخاصة للكتابة القانونية وأولوياتها. فإذ كانت أولويات الكتابة الأدبية هي إمتاع القارئ (من خلال جمال الأسلوب ورشاقة العبارات) فإن أولويات الكتابة القانونية هي إقناع المتلقي أو صانع القرار بتبني حجة الكاتب القانوني (قد يكون المتلقي هو القاضي أو المحكم أو الطرف الثاني في العقد). ولذلك فإن الحاجة إلى الوضوح والإقناع تفرض على الكتابة القانونية الطابع الذي يُميِّزها وتبيح لها الخروج على قواعد النحو والصرف لتحقيق غايات الوضوح والدقة مثلما يبيح الشاعر لنفسه الخروج على قواعد النحو والصرف للوصول إلى القافية التي تلهب خيال المتلقي وتطرب أذن المستمع. وفي رأي المؤلف فإن من الحكمة الموازنة بين ضرورة الالتزام بقواعد اللغة وضوابطها وبين الحاجة إلى الوضوح وإلى الإقناع، وعلى القانوني أن يصغي إلى حدسه لمعرفة الخط الفاصل والمِنْطَقة الوسطى في هذه المعادلة الدقيقة.

في هذا الكتاب سأضع الكتابة القانونية العربية تحت المجهر لتشريح أمراضها وعللها، ومن ثَمَّ تقديم وصفات العلاج وأساليب الشفاء. ستجد في نهاية كل باب من أبواب الكتاب تمارين عملية بغرض مساعدتك على تطبيق ما تعلمته على ملفات حقيقية تعمل عليها، وأنصحك بالاستفادة من هذه التمارين لتحقيق الفائدة القصوى من الكتاب. إن الربط بين القراءة والتطبيق العملي لا يساعدك فقط على استيعاب هذا الكتاب، بل يعمل على تنشيط خلايا عقلك بحيث تترسخ المعرفة بينما تتفتَّح لك آفاق جديدة وأفكار متنوعة في تطوير مهاراتك في الكتابة وحب القلم. إن اتباع هذا الأسلوب سيجعل قراءة الكتاب عملية تفاعلية مع الكتاب ومادته بدلًا من أن تكون

عملية في اتجاه واحد، وأنصحك بجعلها عادة تطبقها على جميع الكتب التي تقرأها بحيث تسجل ملاحظاتك عقب كل باب من أبواب الكتاب، متفكرًا فيما قرأت، ومضيفًا تجاربك وانطباعاتك عن المواضيع التي يتناولها الكتاب. ولقد جربتُ هذه الطريقة في الكتب التي أقرأها وتجمعتْ لديَّ ذخيرة من المسوَّدات والملاحظات التي يمكنني الرجوع إليها في العديد من المشاريع التي أعمل عليها، ويمكنني الإضافة إليها والتعديل عليها، وهذا ما يزيد من استيعابي المادةَ موضوعَ البحث.

هذا الكتاب لا يدعي بأنه سيشفي كل كتابة من علتها أو بأنه سيعالج جميع الأمراض، ولكنَّ هذا الكتاب يضع بين يديك العادات الناجعة والمهارات الفاعلة التي ستساعدك على اكتشاف العلة بنفسك، ومن ثم الوصول إلى العلاج المناسب؛ هذا الكتاب سيساعدك على أن تكون طبيب نفسك بحيث تُشخِّص عيوب الكتابة وتصلحها بنفسك.

لمن هذا الكتاب؟

إن المهارات الخمس المضمَّنة في هذا الكتاب هي ثمرة عمل امتد إلى أكثر من 25 عامًا راجعت خلالها آلاف المذكرات القانونية في أثناء ممارسة مهنة القانون في السودان وسلطنة عمان وكندا، وهذا ما أتاح لي فرصة نادرة في تعرُّف أنماط متنوعة من الكتابة القانونية باللغة العربية والإنجليزية. لقد ساعدتني هذه المهارات على صياغة العديد من المذكرات المعقدة وصياغة مئات العقود وكتابة العديد من المقالات المنشورة في مجلات ودوريات رائدة مثل مجلة قانون الأعمال لدول الشرق الأوسط وشمال إفريقيا التي تُصدِرها مؤسسة ليكزس نيكزس، ومجلة الغرفة التي تصدرها غرفة تجارة وصناعة عمان، كما نقلتُ هذه المهارات إلى خارج المجال القانوني إذ ساعدتني على كتابة رواية سيف عينيها بجزئيها الأول والثاني.[2]

وفي هذا الكتاب لا أدعي الكمال أو معرفة جميع الإجابات، ولكنَّ هذا الكتاب يضع أمامك الخبرات العملية في مجال الكتابة القانونية التي تجمَّعت خلال 25 عامًا من الممارسة القانونية، وذلك بعد مزجها بالدراسة الأكاديمية من أعرق الجامعات في السودان وبريطانيا وكندا، والدراسة غير

---

(2) للحصول على نسخة من الرواية يمكنك زيارة الموقع https://amzn.eu/d/iny05at.

الأكاديمية من خلال أمهات الكتب التي تناولت الكتابة القانونية. ستجد في هذا الكتاب مراجع لقامات قانونية سامقة أشير إليها في نهاية الكتاب وفي متنه، وأنا مدين لهم بالمعرفة التي استقيتُها من هؤلاء العلماء، وأدين لهم بالعرفان كله. ثم إنني أضفتُ أيضًا تجاربي الخاصة وفهمي هذه العلوم وتطبيقاتها العملية في المسائل التي مرّت عليَّ في الممارسة المهنية، بحيث يجمع هذا الكتاب بين العلم النظري والتطبيق العملي.

إن أسلوب هذا الكتاب ومنهجيته لا تتبع الأساليب التقليدية في الكتابات القانونية، بل يتبنى هذا الكتاب الأسلوب المباشر مرتكزًا على مخاطبة القارئ في شكل حِواري مبسّط، وهذا الأسلوب صار أكثر شيوعًا في الكتابة باللغة الإنجليزية مقارنة باللغة العربية. لذلك لن تجد عبارات مثل "يعتقد الباحث" وإنما ستجد عبارات مثل "أعتقد" لأن ذلك يجعل الكتابة تبدو أكثر حميمية وتلقائية.

هذا الكتاب ليس مُوجَّهًا فقط إلى طلاب كليات القانون والمحامين المبتدئين، بل يمتد إلى المحامين والقانونيين المخضرمين أيضًا، وذلك بسبب أنه يحاول تغيير بعض المفاهيم التي ترسّخت في مهنة القانون، لكنْ نخرها السوس من الداخل بحيث لم تعدْ تخدم الأهداف التي شُرِعَتْ من أجلها؛ بل أصبحتْ عقبة في طريق تحقيق الأهداف التي يسعى أصحابها إلى تحقيقها.

كيف تقرأ هذا الكتاب؟

هذا الكتاب مُكوَّن من جزءين؛ يتناول الجزء الأول المهارات الخمس وهي: (أ) مهارة الإعداد. (ب) التحليل القانوني. (ج) الصياغة. (د) التدقيق. (هـ) مهارة الإخراج.

وفي الجزء الثاني من الكتاب ستجد أمثلة تطبيقية للمهارات الخمس؛ مثل: صياغة صحف الدعاوى والمذكرات، وصياغة الاستشارات القانونية. إنني أنصح بقراءة الكتاب وفق التسلسل الموضّح فيه، وفي نهاية كل مهارة ستجد تمارين أنصحك بتجربتها لكي تُرسِّخ ما تعلمته. لكنْ يمكنك أيضًا أن تتجه مباشرة إلى الجزء الذي تعتقد أنك تريد التركيز عليه أو أنك تحتاج إلى البدء منه. لذلك فعليك قراءة هذا الكتاب بالطريقة التي تناسب احتياجاتك وميولك، ويمكنك أيضًا أن تجعله مرجعًا تعود إليه متى شئت أو احتجت إليه.

أدعوك الآن إلى ربط الأحزمة استعدادًا للإقلاع في رحلة ستغير حياتك المهنية إلى الأبد.

الجزء الأول

المهارات الخمس للصياغة القانونية

المهارة الأولى: التخطيط والإعداد

المهارة الأولى: التخطيط والإعداد

" قبل الرماء تُملأ الكنائن."

مثل عربي قديم

من لا يخطط فهو يخطط للإخفاق

تُقسَّم مهارة التخطيط والإعداد إلى قسمين هما: (أ) إعداد الكاتب للكتابة، وتعني التخطيط من خلال إعداد الكاتب نفسيًّا، وتزويده بالمهارات التي تضمن له الحصول على النتائج المرجوَّة من الكتابة، و(ب) التخطيط للكتابة نفسها. وسنتناول ذلك بالتفصيل وفقًا للآتي:

(أ) إعداد الكاتب (مهارات التعلم)

قبل أن تشرع في التخطيط للكتابة يجب أن تخطط لإعداد الكاتب: وهو أنت.

ليس المقصود من هذا الكتاب طرح إستراتيجيات للكتابة بالطريقة التقليدية التي قد تجدها في العديد من الكتب التي تتناول هذا الموضوع، وإنما المقصود هو جعل الكتابة وسيلتك للتعبير عن رسالتك، والأداة التي تستخدمها للوصول إلى أهدافك، بحيث تكتسب مهارات تستمر معك بقية حياتك. ولن يتأتى ذلك إذا كنت تتعامل مع هذا الكتاب بصورة تقليدية جامدة، وإنما عليك أن تؤدي دورًا فاعلًا وإيجابيًا في أثناء قراءتك الكتاب من خلال أداء التمارين التي تجدها في نهاية كل فصل من فصول الكتاب إذا كنت تريد تحقيق أقصى منفعة منه.

يُشكِّل الاستعداد السيكولوجي النصيبَ الأكبرَ من أي مهارة تريد اكتسابها، لذلك سنبدأ ببعض أهم المفاهيم التي ستساعدك على إتقان مهارة الكتابة بصورة شاملة ومنهجية، وذلك بتقديم مهارات التعلم المتمثلة في مفهوم وضع الأهداف ومفهوم العادات ثم مفهوم المعتقدات.

كيف يتعلم العقل البشري؟

يتعلم عقلنا البشري من خلال ثلاث مراحل أساسية نُلخِّصها في الآتي:

مرحلة التلقي (فك تشفير المعلومة)

هذه هي المرحلة الأولى في عملية التعلم، إذ يتلقَّى العقل المعلومة ويعالجها. لزيادة الفعَّالية، ينصح الخبراء بزيادة عدد الحواس المستخدمة في التعلم، فمثلًا بالإضافة إلى حاسة النظر التي تستخدمها عند القراءة يُنصح بإضافة حواس أخرى مثل حاسة اللمس، لذلك فإن التعلم الذي يصاحبه عمل يدوي يُعطي نتائج أفضل من التعلم بالقراءة فقط (ويشمل ذلك تدوين الملاحظات في أثناء القراءة لأنك بذلك تستدعي حاسة اللمس). تعتبر حاسة الشم من أقدم الحواس، وتعتمد عليها الحيوانات بصورة أكبر من البشر، ولذلك فإن الحوادث التي ترتبط في ذهنك بعطر أو رائحة معينة ستظل أقوى في ذاكرتك من غيرها.

لذلك عليك بقراءة الكتاب القانونية، والاستماع للمحاضرات، ومناقشة المسائل القانونية مع زملائك بغرض توسيع المتلقيات، وكما قيل فإن الكاتب الجيد هو قارئ جيد.

مرحلة التخزين

بعد أن تُتلقى المعلومات يخزنها العقل في الذاكرة التي يقسمها الخبراء إلى ذاكرة قصيرة الأجل، وذاكرة متوسطة الأجل، وأخرى طويلة المدى. يكون الغرض النهائي من التعلم هو تحويل المعلومات التي نتلقاها إلى الذاكرة طويلة الأجل لأنها تُشكِّل أقوى أنواع الذاكرة التي تشمل المعلومات التي تبقى معك مدى الحياة، ويمكن استدعاؤها في أي وقت. لذلك تُعَدُّ التمارين المُرفقة في هذا الكتاب من الوسائل الفعَّالة في تقوية فهم المعلومات المضمنة فيه ونقلها إلى الذاكرة طويلة الأجل.[3]

---

(3) لمعرفة المزيد عن عمل الذاكرة وتقويتها أنصح بقراءة كتاب How to Train Your Memory
How to Train Your Memory (How To: Academy): Chambers, Phil: 9781509814558: Amazon.com: Books

مرحلة الاستدعاء

في هذه المرحلة يستدعي العقل المعلومات من الذاكرة عندما تحتاج إليها. لذلك عليك باختبار معرفتك باستمرار، واعمل على ربط المفاهيم القانونية التي تتعلمها بملفات حقيقة وتجارب عملية، وهذه من المسائل التي رُوعِيت أيضًا عند تصميم التمارين المُرفَقة في هذا الكتاب.

مفهوم حفظ الطاقة

منذ زمن بعيد عرف العقل البشري أن بقاء الإنسان حيًّا مرتبط بقدرته على توفير الطاقة التي يحتاج إليها للهرب من الحيوانات المفترسة، أو للركض وراء الفريسة لكي يحصل على غذائه. عندما كان يتناول الإنسان الفاكهة (وهي تحوي سكر الفركتوز الذي يمده بالطاقة) فإن الدماغ يفرز هرمون الدوبامين (الذي يُسمَّى أيضًا بهرمون السعادة)، لكي يتذكر الإنسان الطعم اللذيذ للفاكهة فيعود إلى تناولها. وفي الوقت نفسه جُبِلَ العقل البشري على تفادي الأنشطة التي تُبدِّد طاقته. لذلك عندما تنوي قراءة كتاب مهم فإن عقلك سيتصور كمية الطاقة الذهنية التي سيُضطَّر إلى بذلها في فهم الكتاب فيعمل على إلهائك بأنشطة أخرى حتى تتكاسل عن القراءة.

ولذلك إذا كنت تكتب مذكرة فيها تطويل وتَكْرار، فإن عقل القارئ سيرى فيها إهدارًا لطاقته الثمينة، وسيعمل على تصفحها بسرعة حتى لا تستهلك مخزون طاقته، بل قد يتوقف عن القراءة قبل أن يصل إلى فهم مرادك. وإذا كان القارئ هو القاضي، فإن الثمن سيكون باهظًا عليك وعلى موكلك. وعليه فإن مفهوم "خير الكلام ما قلَّ ودلَّ" الذي سنتناوله في المهارة الثالثة من هذا الكتاب ما هو إلا تطبيق لمفهوم حفظ الطاقة من خلال تعلم إيصال أفكارك للمتلقي بأقل عدد مكن من الكلمات. وكذلك فإن الاهتمام بشكل المستند وتنسيقه وخلوه من الأخطاء الإملائية (وهو ما سنتحدث عنه تفصيلًا عند الحديث عن المهارة الثالثة)، هي كلها أعمال يُقصَد بها أن تكون قراءة المستند الذي تكتبه عملية سهلة وسلسلة على عقل القارئ، لأن وجود الأخطاء النحوية والإملائية يُخرج القارئ من انغماسه في قراءة المستند لكي ينتبه لها. ثم إن سوء الترتيب واختلاف نوع الخط وتنافر أجزاء المستند يبطئ القراءة، وبذلك تستهلك قدرًا أكبر من طاقة عقل المتلقي، فيصيبه الملل أو يُحجِم عن مواصلة قراءة ما تكتب، فتخسر.

عليه فإن لُب الكتابة القانونية الاحترافية الناجحة هو جعل القراءة وفهم محتواها تجربة إيجابية تستهلك أقل قدر ممكن من الطاقة الذهنية للمتلقي.

مفهوم السعي نحو اللذة وتجنب الألم

هذا المفهوم يُشير إلى أن البشر يتحركون نحو تحقيق اللذة ويسعون إلى تجنب الألم. هذا المبدأ يُظهِر فهم الدافع البيولوجي والنفسي، وكيف يؤثر في اتخاذ القرارات وعلاقتها بمهارات التعلم.

السعي نحو اللذة

وفي قديم الزمان استشعر الإنسان اللذة عندما تذوّق فاكهة لذيذة الطعم، فأصبح يبحث عنها ويعاود تناولها كلما عثر عليها. عندما يشعر الفرد باللذة أو يحقق هدفًا، يتعزز الدافع لديه للمضيّ قدمًا في تحقيق المزيد من الأهداف. في سياق التعلم، يمكن أن يكون ذلك خلال تحصيل المعرفة أو اكتساب مهارات جديدة. عندما يرتبط التعلم بتجارب إيجابية وممتعة، يتسبب ذلك في تعزيز استمرار الشخص في ممارسة أنشطة التعلم.

السعي لتجنب الألم

في قديم الزمان تعلَّم الإنسان أن النار تحرق عندما شعر بالألم حينما لمسها بيده، وكذلك يتعلَّم الطفل الصغير ألا يلمس سطح المكواة الساخن. عندما يشعر الفرد بالألم أو الاضطراب خلال التعلم، قد يتجنَّب أو يحاول تجنب الأنشطة التعليمية المرتبطة بذلك الضغط. إذا كانت التجارب التعليمية مصدرًا للضغط أو الإحباط، فإن ذلك قد يؤثر سلبًا في الدافع للمضي قدمًا في عملية التعلم.

لكنْ لكي نشعر باللذة أو الألم فلا يُشترَط حصول المسبب فعليًّا، فقد يحصل الشعور بمجرد "التخيُّل" فقط. للتأكد من ذلك تخيَّل أنك قطعت قطعة ليمون إلى نصفين ثم عصرت نصفها في فمك، ستلاحظ أن لعابك قد تحرك واستجاب فمك بمجرد تخيُّلك التجربة في عقلك. لذلك فإن شعورنا بالألم واللذة لا يقتصر على التجارب الفعلية فقط، وإنما يشمل ما نربط في عقلنا بين النشاط المعين والألم أو اللذة التي تصاحبه.

التوليفة (bundling)

بعد أن فهمتَ مفهوم السعي نحو اللذة والهروب من الألم ستدرك أن هذا المفهوم يؤثر في طريقة اتخاذك للقرارات، ويمكنك استخدامه لمصلحتك بدلًا من أن يعمل ضدك. فمثلًا إذا كنت تريد بناء عادة ترتبط لديك بالألم (كالرياضة مثلًا) فحاول ربطها بنشاط محبب إليك (مثل ممارستها مع صديقك المفضل). بمرور الزمن سيربط عقلك بين المتعة التي تجدها في لقاء صديقك ونشاط الرياضة، وسيخف أو يتلاشى الربط بين الألم وبين الرياضة نفسها، وهي "توليفة" بين شيء مهم (ولكنه ثقيل على قلبك) وبين شيء آخر محبب إلى نفسك. فمثلًا قد تكون محبًا لتناول القهوة في المقهى المفضل إليك، ولكنك تتكاسل عن القراءة. فعليك أن تأخذ كتابك وتقرأ في هذا المقهى، وبمرور الزمن ستصبح القراءة بحد ذاتها مصدرًا للمتعة لأنها أصبحت مرتبطة بالمتعة التي تستمدها من وجودك في المقهى.

مفهوم وضع الأهداف

في كتاب "العادات السبع للناس الأكثر فعَّالية" يتحدث الكاتب ستيفن كوفي عن المهارة الثانية وهي: "**أن تبدأ والغاية التي تريدها في ذهنك**" (كوفي، 2018، صفحة 113)، ومعنى ذلك أن عليك تحديد الهدف الذي تسعى إليه، بأن تضع في ذهنك بصورة واضحة وحيَّة أهدافَك التي تريد الوصول إليها قبل أن تشرع في العمل. إن تحديد الصورة التي ترى فيها نفسك تحقق أهدافك من الكتابة بحيث ترى نفسك قد حصلت على هذه الأهداف، وتستمتع بثمارها هو جوهر المهارة الأولى. هل لاحظت أن العديد من الرياضيين الأولمبيين يُغمِضون أعينهم قبل أدائهم؟ تشير الأبحاث إلى أن تجارب الخيال لها التأثير نفسه الذي تُحدِثه التجارب الحقيقية، وهو سر يستخدمه العديد من المبدعين والرياضيين لمضاعفة أدائهم من خلال الخيال (المرجع السابق، صفحة 152)، إذ يتخيل العديد من أبطال الألعاب الأولمبية أنفسهم وهم يؤدون التمارين والحركات الرياضية التي يريدون إتقانها، وتكون النتيجة أن أجسادهم تتعامل مع التمارين التي تخيلوها كأنها تمارين حقيقية بسبب استغراقهم في الخيال، وهذا ما يضاعف أداءهم الرياضي، فحين يتخيل الرياضي أنه قد تمرن لمدة ثلاثين دقيقة ثم بعدها يؤدي تمرينًا فعليًا لمدة ساعة، فإن الفائدة التي يحصل

علها تعادل الفائدة التي تنتج من ممارسة الرياضة لمدة ساعة ونصف كاملة. للتأكد من استجابة الجسم للصور الخيالية التي نصنعها في عقلنا أذكرك بتجربة نصف الليمونة التي ذكرتُها سابقًا. فبمجرد تخيُّل أنك تعصر نصف ليمونة في فمك سيجعل اللعاب يتحرك في لسانك مع أنها مجرد صورة خيالية لا وجود لها في الواقع.

تقول دورثيا براند: "تصوُّر النتيجة النهائية يكفي للبدء في استخدام أدوات الوصول إليها"، (آندرسون، 2008، صفحة 114). ولذلك وبصرف النظر عن نوع الهدف أو الأهداف التي تسعى إليها، فإن تحديد نفسك وتخيلها بأنك تستمتع بثمار هذه الأهداف سيكون له أثر جوهري في استفادتك من هذا الكتاب لأنه سيُجهّزك التجهيز النفسي والعقلي الذي تحتاج إليه للكتابة، ولحفر المهارات الخمس بصورة عميقة في ذهنك لضمان إتقانها والاستفادة القصوى منها. فإذا كان الهدف هو كتابة مقالات قانونية تنشرها في مجلات دورية، أو في الإنترنت، أو تقديم مذكرات قانونية تضمن لك الفوز، أو تأليف كتاب تنقل فيه تجاربك وخبراتك، أو غيرها من مجالات الإبداع، فإن تخيل نفسك قد حصلت على هذه الأهداف وأنت تستمتع بها بصورة يومية سيمدك بالطاقة للاستمرار في التقدم، وفي الوقت نفسه يعمل على تحسين استيعابك للكتاب.

يرتبط مفهوم وضع الأهداف بالطريقة التي تتم بها هذه العملية، وهو ما أصطلح على تسميته بعبارة **SMART** التي نشرحها كالآتي:

(محدد)S stands for <u>S</u>pecific

ويقصد بها أن تحدد الهدف بدقة، فلا يكفي أن تقول إن هدفي هو أن أكون قارئًا جيدًا مثلًا، وإنما الأفضل أن تقول إن هدفي هو قراءة كتابين في الشهر، فكلما حددتَ الهدف بدقة ساعدت العقل الباطن على تحديد الوسائل إلى تساعدك على تحقيق الهدف.

M stands for Measurable(قابل للقياس)

في المثال السابق فإن تحديد عدد الكتب التي عليك قراءتها في الشهر يعني أن بإمكانك أن تعرف وتراقب التقدم الذي تحرزه في سبيل تحقيق الهدف، وفي النهاية ستعرف أحققت الهدف أم لا. لذلك يجب أن يكون الهدف المراد تحقيقه قابلًا للقياس.

A stands for Achievable(قابل للتحقيق)

يجب أن يكون الهدف قابلًا للتحقيق. إن وضع هدف مستحيل التحقيق لن يجلب سوى الإحباط وضياع الوقت والجهد. لذلك يجب أن تتحلى بالواقعية بالنظر إلى الإمكانات المتاحة. فمثلًا إذا كان هدفك هو إتقان اللغة الألمانية في ثلاثة أشهر، وأنت لا تعرف عنها شيئًا، فربما كان ذلك أمر عليك إعادة النظر فيه.

R stands for Relevant(مرتبط بالو اقع)

هذه مسألة مهمة، إذ يجب أن يتماشى الهدف والاتجاه العام للأهداف والمشاريع الأخرى التي تقوم بها. فإذا كان هدفك هو إنقاص الوزن في حين تشارك في حضور حفلات فيها ولائم وسهر، فإن ما تفعله من أعمال لإنقاص الوزن يتعارض هو ونمط الحياة الذي تعيشه، ولن تكون النتائج سعيدة.

T stands for Time-specific(له جدول زمني)

يجب أن يكون للهدف تاريخ لتحقيقه، أي يجب أن تضع له موعدًا نهائيًا للانتهاء من تنفيذه. إن مجرد وضع موعد نهائي لإنجاز المهمة يدل على درجة من التصميم ويزيد من احتمالية السعي لتحقيق الهدف.

الآن بعد أن وضعتَ قائمة مكتوبة بأهدافك (وأرجو أن يكون من ضمنها إتقان مهارة الكتابة القانونية)، فإنني أطلب منك أن تخطو خطوة أخرى، وهي كتابة الأسباب وراء كل هدف. يوصي

العديد من الخبراء بضرورة كتابة الأهداف، لأن الكتابة في حد ذاتها هي جهد ذهني يرتبط بالتركيز ويزيد احتمالية تحقيق الهدف. أما كتابة الأسباب فإنها تمثل الوقود أو الطاقة التي ستدفعك إلى العمل على تحقيق أهدافك. فكلما كانت الأسباب قوية وعميقة، زادت نسبة تحفيزك للسعي والعمل على تحقيقها. لذلك أنصحك بالتفكر في الأسباب وتَكْرار العملية حتى تصل إلى أعمق معنى ممكن من ضمن الأسباب وراء هذه الأهداف. ومن الأفضل أن تحمل قائمة الأهداف في ورقة تضعها في محفظتك، بحيث يمكنك الاطلاع عليها بصورة متكررة، ولا بأس من تعليقها في مكان ظاهر بحيث تراها كل يوم.

بتحديدك أهدافك، فإنك كمن يعطي سائقَ سيارة الأجرة عنوانَ المكان الذي يريد الذَّهاب إليه (مثل اسم الشارع ورقم البناية أو اسمها)، ومن ثَمَّ فسيوصله السائق إلى هذا المكان. وهي تشبه الطريقة التي يعمل بها العقل البشري، إذ إن تحديدك للأهداف سيُحفِّز جزءًا معينًا من العقل البشري مسؤولًا عن "غربلة" المعلومات التي تصل إليك، فيبدأ في التركيز على المعلومات التي ستساعدك على الوصول إلى هدفك الذي سبق أن حددته، ويضعها تحت بصرك، ويعمل أيضًا على إلهامك بالأفكار.

يقول واشنطن إيرفنج: "أصحاب العقول العظيمة لديهم أهداف، أما الآخرون فلديهم أمنيات". (أندرسون، 2008، صفحة 44). لذلك يتضح مما سبق أن تعلُّم مفهوم وضع الأهداف هو المفتاح لطريق النجاح، وهو البداية المنطقية لأي عمل ذي قيمة. إن تعلمك فنَّ وضع الأهداف ومتابعة تنفيذها سيضعك في الطريق الصحيح لتغيير حياتك المهنية والشخصية، فهو استثمار سيعود عليك بأرباح مضاعفة.

مفهوم العادات

في كتاب The Power of Habit, Why we do what we do and how to change يتحدث الكاتب شارلس دوهيق عن مفهوم العادات وكيف تُشكِّل حياتنا (Duhigg، 2013، الصفحات 3-30). يشرح دوهيق أن العادات تتكون من ثلاثة أجزاء هي:

المحفِّز ⇦ الروتين ⇦ الجائزة ⇦

(المرجع السابق، صفحة 23).

ويضيف دوهيق أن المحفز هو الفعل الذي يجعلنا نفعل فعلًا معينًا كلما حدث ذلك المحفِز. وقد يكون المحفِّز هو وقت أو حدث معين أو شخص، فعلى سبيل المثال قد يكون المحفز هو وقت معين مثل وقت صلاة المغرب، فعند سماع صوت الأذان يكون المحفِز قد حدث، ويتبعه الفعل، وهو أن يصلي الشخص الصلاة، وتكون الجائزة هي الشعور برضا الله بعد الانتهاء من الصلاة. إن تكوين العادات يفيدنا من حيث توفير الوقت والجهد، فلا نُضطرُ إلى التفكير في الأمور التي نفعلها بصورة متكررة، فتحدث بصورة آلية، إذ إن توفير الطاقة من الأمور التي جُبِلَ عليها العقل البشري. هناك جزء من العقل البشري يراقب الأمور التي نعملها بصورة متكررة، ثم يراقب النمط الذي ننحوه حينها، ومع التَّكْرار يُحوِّل هذه الأمور إلى عادة، فلا نُضطرُ إلى التفكير في كيفية تنفيذها في كل مرة، وذلك حتى نتفرغ للتفكير في أمور غيرها.

ولكنَّ العادات قد تكون جيدة وقد تكون ضارة. لتغيير العادات الضارة يقترح دوهيق أن نستبدل بالحلقة الأضعف (وهي الروتين أو الفعل الضار) فعلًا نافعًا، لكنْ يجب أن يكون الفعل النافع البديل يعطينا المنفعة نفسها التي كان يعطينا إياها الفعل الضار، وإلا فلن ينجح الأمر (المرجع السابق، الصفحات 60-93). فعلى سبيل المثال فإن مجرد التوقف عن عادة التدخين لن يُفلِح بسبب تمكُّن عادة التدخين من عقل المدخن ونفسيته. ولذلك فعند حدوث المحفِّز الذي يدفع المدخن إلى التدخين (مثل الشعور بالقلق)، فإن الفعل البديل الذي يختاره يجب أن يُعطي المدخن الإشباع نفسه الذي كان يعطيه إياه التدخين، لكنْ دون الآثار الضارة للتدخين.

بناء عادة الكتابة: يقول أرسطو: "إننا ما نفعله باستمرار. إذن التميُّز ليس فعلًا، ولكنه عادة"، (آندرسون، 2008، صفحة 111). وتطبيقًا لهذا المفهوم فقد بنيتُ عادة الكتابة اليومية، إذ كوَّنت

روتينًا يوميًّا هو أن أبدأ الكتابة بعد صلاة المغرب، وخصصتُ مكانًا معينًا لممارستها هو مكتبي في المنزل. ولتفعيل هذه العادة فقد عطَّلت المشتتات كافة في أثناء الكتابة، بحيث أضع هاتفي في مكان خاص بعيدًا عن المكتب، وأُحضِر فنجان قهوتي، وأحرص أن تكون جميع مراجعي في متناول يدي حتى لا أُضطرَّ إلى مغادرة المكان لإحضار أي منها. وعليه يتضح أن طريقة بنائي عادةَ الكتابة قد تضمنتْ:

(أ) تخصيص مكان محدد.

(ب) تخصيص زمان محدد.

(ت) تحضير الأدوات والمراجع المساعدة.

(ث) التخلُّص من المشتتات.

بل يذهب البعض إلى اقتراح تخصيص حاسوب معين لأعمال الكتابة وآخر لأعمال المراجعة، حتى يحدث الفصل الذهني بين العمليتين. ولكل من يستطيع التحكم في المشتتات الناتجة من الهاتف ويفضل أن يكون الهاتف معه الغرفة نفسها، فيوجد العديد من التطبيقات التي يمكن تحميلها في الهاتف والتي تساعد على التركيز. عليك فقط تجربة ما يتناسب مع طبيعتك واختياراتك.

يقول العديد من الخبراء بضرورة بناء العادات الجديدة التي ننوي تبنيها، بحيث نربطها بعادات موجودة سلفًا، وذلك بغرض كسب الوقت وضمان توفر فرص أكبر في الاستمرار فيها. فمثلًا إذا كنت تريد بناء عادة أداء تمارين رياضية في الصباح، وكنت من المواظبين على صلاة الفجر، فقد يكون من المفيد أن تمارس هذه التمارين على سجادة الصلاة نفسها بعد أن تفرغ من صلاة الفجر، بدلًا من أن تحاول بناء عادة التمارين الرياضية بصورة مستقلة. وحيث إنك تصلي الفجر يوميًّا، فإن فرص نجاحك في بناء عادة التمارين الرياضية تكون أكبر لأنها بنيت على عادة أخرى مستقرة وجاهزة.

- **روتين الصباح**

عند الاستيقاظ من النوم يكون عقلنا في قمة نشاطه ويكون منفتحًا على الدنيا بصفحة بيضاء، ولذلك تُعَدُّ الساعات الأولى أهم أوقات اليوم لأنها تُشكِّل ما يأتي بعدها. لذلك فإن روتيني للصباح يبدأ مع أذان الفجر، فعند استيقاظي من النوم أرتب الفراش مُرسِلًا إشارة إلى عقلي بأن وقت النوم قد انتهى ولا مجال للعودة إلى الفراش. ثم بعدها أتوضأ وأصلي الفجر في المسجد القريب، وبعد دعاء الصباح أمشي نحو 15 دقيقة قبل أن أعود إلى البيت لأغتسل، ثم أستعد للذَّهَاب إلى العمل. لذلك عليك تصميم روتين صباحي يُعِدُّك للنجاح، بحيث يشتمل الأنشطة التالية:

(أ) التواصل مع الله (سبحانه وتعالى) بالصلاة والدعاء.

(ب) الرياضة الصباحية وتمارين التنفس لكي تضخ الأكسجين الذي سيمدك بالطاقة التي تحتاج إليها.

(ت) إفطار صحي (يفضل أن تشرب الماء حالما تستيقظ من النوم).

(ث) تجنب فتح الهاتف، وخاصة قنوات التواصل والرسائل في هذا الوقت، لأن ذلك سيُقوِّض الجهود التي تفعلها.

يقول توني روبنس إنه يبدأ يومه بالانغماس في المياه الباردة، وقد أعدَّ لنفسه حوضًا يحوي مياهًا مثلجة، إذ يقول: إن الغطس في المياه الباردة يرسل شِحنة نشاط في الجسم تستمر ساعات طويلة. لم أجرب ذلك، لكنْ في كثير من الأحيان أستيقظ قبل موعد صلاة الفجر لكي أكتب، وقد لمستُ تحسنًا كبيرًا في الإنتاجية حينما أعمل والناس نيام.

- **روتين المكتب**

لقد قسَّمتُ يوم العمل في المكتب إلى ثلاث فئات:

- *وقت العمل الذي يحتاج إلى مجهود إبداعي*: ويبدأ هذا الوقت من بداية يوم العمل حتى الساعة العاشرة صباحًا، إذ أنجز فيه الأعمال الكتابية والأعمال التي تحتاج إلى تفكير عميق.

- *وقت العمل الإداري*: ويبدأ هذا الوقت من الساعة العاشرة وأنجز فيه الأعمال الإدارية؛ مثل: حضور الاجتماعات والرد على البريد الإلكتروني (لكنْ أرد على أوقات محددة ومتباعدة).
- *وقت العمل التنظيمي*: يبدأ هذا الوقت قبل ساعة من نهاية يوم العمل، وفي هذا الوقت يكون مخزون التركيز في أدنى درجاته، لذلك أُخصِّصه للمهام الروتينية البسيطة، إذ أرتِّب الملفات وأنظِّمها وأستعد ليوم الغد.

عليه، نخلص إلى أن العادات تُشكِّل جزءًا مهمًّا من حياتنا اليوم، ولذلك علينا العمل على بناء أكبر عدد ممكن من العادات الجيدة التي تتوافق هي وأهدافنا، وتقليل وتقليص العادات الضارة التي تبعدنا عن تلك الأهداف. وإذ إن تكوين عادة الكتابة وبناءها يُعَدُّ من العناصر الفعَّالة للنجاح، فإنني أدعوك إلى إعطائها الأولوية التي تستحقها في حياتك اليومية، وقد جاء في المثل العربي: "خير الأعمال ما كان ديمة".

مفهوم المعتقدات

من المهم إدراك مفهوم المعتقدات لأنها تتحكم في تصرفاتنا واختياراتنا. في كتاب Unlimited Power يشرح توني روبنس كيف تتشكل المعتقدات، مستخدمًا أرجل المنضدة مثالًا لشرح كيفية تشكُّل المعتقدات (Robbins، 1986). إذ يقول روبنس إن المعتقدات تولد في مخيلتنا من خلال فكرة أو رأي ساقه شخص في محيطنا، ثم تكررت حوادث وتجارب عززت هذا المعتقد لدينا بحيث تكون الفكرة الأولية مثل إحدى أرجل المنضدة، وكلما حدث موقف جديد يعزِّز هذه الفكرة تشكلتْ ساق جديدة للمنضدة، حتى تكتمل أرجلها الأربع في شكل مُعتقَد. وفي حياتنا نتبنى معتقدات مفيدة وأخرى ضارة، مثلما نكوِّن عادات ضارة وأخرى نافعة. فإذا كان لديك معتقد أنك كاتب ماهر، ففي الغالب ستجتهد أكثر في تعلم الكتابة وإجادتها حتى تتوافق فكرتك عن نفسك هي ومحصلة اعتقادك مع أفعالك. ينقل عن هنري فورد قولته الشهيرة: "سواء كنت تعتقد أنك تستطيع أم تعتقد أنك لا تستطيع فأنت على حق". (آندرسون، 2008، صفحة 146).

يشرح آدم كوك كيفية هدم المعتقدات الضارة في كتابه "سيطِر على عقلك صمِّم مصيرك" من خلال مفهوم "خلخلة أرجل المنضدة" التي تُشكِّل المعتقدات والتشكيك في صحة الأساس الذي بُنِيَ عليه هذا الاعتقاد (كوك وتان، 2015). وتطبيقًا لهذا المبدأ فقد راجعتُ العديد من المعتقدات التي كنت أحملها كنوع من المسلمات دون تفكير فيها متأملًا أكانت هذه المعتقدات مفيدة أم لا. وقد كانت مدة حياتي في كندا فرصة عظيمة لمراجعة المعتقدات التي تشرَّبتُ بها من خلال حياتي السابقة في السودان ضمن مجتمع عربي ومسلم بالمقارنة مع الحياة الجديدة في المجتمع الغربي في كندا. وكانت نتيجة ما توصلت إليه من خلال تجربتي هو وجود بعض المعتقدات كانت بحاجة إلى التغيير لأنها لا تتناسب هي ومتطلبات الحياة في المجتمع الكندي، وفي الوقت نفسه فإن هناك معتقدات تصاحب الحياة في المجتمع الكندي لا تناسب ظروف حياتي وثقافتي.

من المهم أن تراجع المعتقدات التي تحملها عن نفسك وقدراتك للتأكد أنها تخدم حياتك وأهدافك. هنا يكون دور كتابة الخواطر والتأمل مفيدًا، إذ إن عملية التأمل ستجعلك تتفكر في أفعالك واختياراتك وما فيها من أنماط متكررة، والتي ستهديك بدورها إلى نوع المعتقدات التي تعتنقها بوعي أو دون وعي، فقد قال سقراط: "معرفة نفسك أعظم درجات الحكمة"، (آندرسون، 2008، صفحة 24). ويتضح بذلك أن إتقان فن الكتابة لا يقتصر نفعه على التطور في المجال المهني، بل يمتد إلى جميع نواحي الحياة الخاصة أيضًا.

قاعدة باريتو

ترجع هذه القاعدة إلى عالم الاقتصاد الإيطالي باريتو الذي كَشَف أن 80 % من أراضي إيطاليا يمتلكها 20% من السكان (وهي تُسمَّى أيضًا بقاعدة 20/80). وتقول هذه القاعدة بأن 80% من النتائج تأتي من 20% من المسببات، وبفهمك هذه القاعدة يمكن تطبيقها على مناحي عدَّة في الحياة. فيمكننا القول إن 20% من الأعمال التي تعملها ستحقق لك 80% من قيمة النتائج التي تصبو إليها، أو أن 20 % من الأنشطة التي تقوم بها تستهلك 80% من وقتك. لكنْ يجب ملاحظة أنه نسب 20% و80% هي نسب تقديرية، ولا يشترط تُحقِّقها بصورة حرفية لتنطبق القاعدة، وإنما المقصود هو أن الأعمال والمهام التي تؤديها لا تحمل القيمة نفسها.

في المجال القانوني مثلًا يمكن القول بأن 80% من نتائج التطور والتعلم تأتي من 20% من المهارات. وبتطبيق قاعدة باريتو على قائمة المهارات التي عليك اكتسابها بوصفك محاميًا أو طالبَ قانون، فإنني أرى أن مهارة الكتابة القانونية ستكون ضمن فئة الـ20%. وفي مجال الأعمال اليومية، فمثلًا إذا كان لديك 10 مهام في قائمة الأعمال التي عليك إنجازها، فإن اثنين من هذه المهام (أي 20% من مجموع المهام) سيحققان لك 80% من العائد، لذلك عليك البحث عنهما وتنفيذهما بصورة جيدة، ولا تنتقل إلى المهمة الثالثة قبل الانتهاء منهما لأنك بذلك تكون قد ضمنت تحقيق 80% من الفائدة، في حين لن تتعدى فائدة الثمان مهام الأخرى، حتى إن أنجزتها بالكامل، 20% من القيمة.

يقول ستيفن كوفي: "الحل ليس في ترتيب البنود الموجودة في جدول المهام وفق الأولويات، لكنْ في ترتيب أولوياتك في جدول"، (آندرسون، 2008، صفحة 144) .ولذلك ركِّز فقط على الأعمال التي تُحقِّق لك أكبر نفع، واحذف الأعمال ذات القيمة الضئيلة لأنها تخصم من الوقت والجهد اللذين كان يجب أن تضعهما في المهام ذات القيمة العالية.

(ب) التخطيط للكتابة وتهيئة البيئة المساعدة

هل يمكن أن تتخيل أن يبني المقاول منزلك دون أن تكون قد أطلعته على شكل البيت الذي ترغب في بنائه ودون أن تزوده بخرائط هندسية صممها مهندس معماري؟ إن الإجابة بلا شك هي النفي. إن الكتابة القانونية تشبه بناء المنزل، فقبل أن تشرع في الكتابة عليك أن تحدد الهدف من المستند الذي ترغب في صياغته، وتدرس الجهة التي سيُقدَّم لها هذا المستند بالطريقة نفسها التي عليك تحديد الغرض من المنزل والساكنين المحتملين له. ثم عليك إعداد مخطط للمستند قبل الشروع في الكتابة، مثلما عليك الحصول على خريطة من مهندس معماري قبل الشروع في أعمال البناء.

لكنْ في الواقع فإن معظمنا يشرع في الكتابة مباشرة متخطيًا مرحلتيِ الإعداد والبحث القانوني، وبذلك فلا عجب أن تكون النتيجة هي كتابة معقَّدة وركيكة تُرهِق الكاتب والقارئ معًا. في هذا الشق من المهارة الأولى سأشرح طرقًا عملية للتخطيط للكتابة القانونية التي تنوي كتابتها.

أعدَّتِ البروفيسور بيتي سو فلورس[4] من جامعة تكساس الأمريكية نظامًا في الكتابة مبنيًّا على تقمُّص الكاتب أربعَ شخصيات وفقَ المرحلة التي يكون فيها الكاتب في أثناء عملية الكتابة، والشخصيات هي: شخصية "المجنون، والمعماري، والنجار، والقاضي". بحيث يتبنى الكاتبُ الشخصيةَ التي تتناسب هي ومرحلة الكتابة المعيَّنة التي قسَّمتها إلى أربع مراحل. وقد تناول جارنر في كتابه Legal Writing in plain English: A text with exercises شرح هذه الشخصيات والدور الذي تؤديه في كل مرحلة من مراحل الكتابة (Garner، 2013).[5]

---

[4] Betty S. Flowers. *Madman, Architect, Carpenter, Judge: Roles and the Writing Process*. 44 Proceedings of the Conference of College Teachers of English 7-10 (1979) as cited in (Garner, 2013).

[5] To know more about these characters, see Garner, Bryan A. *Legal writing in plain English: A text with exercises*. The University of Chicago Press, 2013, pp 9-13.

قد يقول البعض إن تبني الكاتب شخصياتٍ مختلفةً (مثل شخصية المجنون في مرحلة الإعداد للكتابة، وشخصية المعماري في مرحلة البحث والتحليل، وشخصية النجار في مرحلة الصياغة، وشخصية القاضي في مرحلة التدقيق) تناسب الكتابة باللغة الإنجليزية ولا تناسب اللغة العربية، لأن اللغة العربية لها خصوصيتها وتفردها. ومَن يتبنى هذا الرأي قد يضيف أيضًا أن الكاتب العربي لن يستسيغ وصف "المجنون" حينما يتطلَّب منه أن يكون في مرحلة التخطيط في الكتابة، لأنها عبارة تحوي معانيَ سلبية لا تناسب الأذن العربية المحافظة. لكنْ قد يرد البعض على هذا الدفع بالقول بأن المقصود هنا هو المراحل الإبداعية المختلفة للكتابة وليس تفاصيلها العملية، وعليه فإن هذه المراحل لا تختلف باختلاف اللغات، وإنما يجمعها الفكر الإنساني الإبداعي. وفي تقديري أن كلًّا من الرأيين له وجاهته ومن الصعب الجزم بأيهما على صواب وأيهما على خطأ، وإن كنتُ أميل إلى الرأي الأول.

عليك بتخطيط المستند المراد صياغته من خلال إعداد خطة مرنة قابلة للتعديل في أثناء الكتابة، وتُعَدُّ طريقة الخرائط الذهنية (mind mapping) من الوسائل الفعَّالة في ترتيب الأفكار وتقسيم المستند رغم كون المجال الأصلي للخرائط الذهنية هو المجال الأكاديمي. ويقدم (Garner، 2013، صفحة 12) أسلوبًا يشبه الخرائط الذهنية في طريقة عمل المستند وتخطيطه، وقد استخدمتُ هذا الأسلوب في معظم الكتابات التي أكتبها، خاصة إذا كانت المسائل متشابكة ومعقدة وأرغب في فهم العلاقات والتقاطعات بين المسائل المطروحة. مثلًا في أثناء كتابة هذا الكتاب أعددتُ مخططًا للأبواب والفصول في شكل عناوين فرعية للكتاب. وطبعًا في أثناء التأليف والكتابة أجريتُ تعديلات كثيرة ومتعددة بحسب التقدم في الكتابة، إذ إن عملية الكتابة نفسها ساعدتني على توضيح الأفكار التي أودُّ عرضها في الكتاب.

نخلص إلى أن التخطيط الجيد للمستند لا يساعد فقط على إكمال عملية الكتابة بصورة أسرع، وإنما يساعد أيضًا على إخراج منتج رفيع المستوى من حيث العمق والشمولية والوضوح. والعكس صحيح، فإن سوء التخطيط أو عدم التخطيط يؤدي إلى إخراج منتج ركيك في صياغته، وقد يغفل الكاتب عن مسائل جوهرية بسبب عدم وضوح المسألة أو عدم إلمامه بالتقاطعات أو

الاستثناءات التي تُحيط بالمسألة التي يتعرَّض لها. يقول بوبي نايت: "الرغبة في الفوز ليست بقدر أهمية الرغبة في الاستعداد للفوز". (آندرسون، 2008، صفحة 67).

بالنسبة إلى الكاتب (Clark، Writing Tools, 50 Essential strategy for Every Writer، 2006، صفحة 119) فإن وضع خطة للكتابة مسألة جوهرية ويطرح تنفيذها من خلال عمل نقاط رئيسة ونقاط فرعية "outlines". سنتناول تصميم الخريطة النهائية للمستند بتفصيل أكثر عند الحديث عن المهارة الثانية، وهي مهارة البحث والتحليل، وذلك بعد إجراء البحث القانوني وتشريح المستند مثلما يفعل الطبيب حينما يُشخِّص المريض بغرض الوصول إلى العلة ثم وصف الدواء.

شخصية المخرج السينمائي

هذه الشخصية لم ترد في نظام البروفيسور بيتي سو فلورس[6] وإنما ابتدعتُها لكي تؤدي مهمة إخراج المستند المطلوب في مرحلة الإخراج، فقد أوضحتْ تجاربي الخاصة أن هذه المسألة لا تحظى بالاهتمام الذي تستحقه في ممارسات القانونيين أو كتاباتهم. فبعد أن تدقِّق المستند عليك تقمص شخصية المخرج السينمائي لكي تخرج المستند إلى العالم في صورة تتناسب مع الغرض الذي أُعِدَّ من أجله المستند مستخدمًا المهارات التي يستخدمها مخرجو السينما في إخراج الأفلام.

في المرحلة الأخيرة من المهارات الخمس تقوم بأعمال التعلم المستمر. إن الحياة في مجملها والكتابة على وجه التخصيص هي رحلة لا تنتهي من التعلم والتطور المستمرين. وتزداد أهمية التعلم والتطور في القرن الحادي والعشرين الذي نعيش فيه، والذي يتسم بالتغير السريع بصورة غير مسبوقة في تاريخ البشرية. إن التغيير الهائل في المعرفة وأساليبها يجعل مسألة التعلم المستمر مسألة حتمية ومصيرية وليست خيارًا يمكن تجاهله، إذ إن من لا يتجدد يتبدد.

---

[6] Betty S. Flowers. *المرجع السابق*

إن التعلم المستمر هو ضرورة من ضروريات المهن القانونية بمختلف تفرعاتها واتجاهاتها، ولن يمكنك الاستمرار في مهنة القانون إذا توقفتَ عن التعلم لأن البيئة القانونية لن تتوقف عن التبدل والتطور، بل إن التغيير والتبدل يُعبِّران عن الحقيقة الأكثر رسوخًا في عالم القانون.

ونخلص إلى أن تقمص الذهنية التي تتناسب مع المرحلة التي تمر بها في عملية الكتابة حري بها أن تضعك في موضع الإتقان والإجادة، لأنها ستجعلك في الوضع الذهني والنفسي الذي يجذب إليك أفكار الإبداع، كما تنجذب الفراشات إلى أضواء المصابيح، إذ إن الكتابة هي عمل ذهني في المقام الأول. وقد قال النبي صلى الله عليه وسلم: "إن الله يحب إذا عمل أحدكم عملًا أن يتقنه". (عاصي، 2016، صفحة 20).

ومع ذلك فإنني لا أقول بوجوب تقمص الشخصيات الخمس في جميع الأحوال والأوقات، إذ إن ذلك قد لا يكون عمليًا في بعض الحالات وبعض الملفات بسبب طبيعتها وظروفها المحيطة، مثل درجة تعقيد المسألة والزمن المطلوب لإنجازها. لذلك فلا بأس من اختصار المراحل في حالة المسائل البسيطة غير المعقدة أو التي تحمل أهمية أقل من غيرها.

الهدف من الكتابة القانونية

تهدف الكتابة القانونية إلى حل مشكلة قانونية يواجهها الموكِّل وتعتمد على الإقناع بصورة أساسية، وذلك بحمل شخص آخر يملك السلطة في إصدار قرار معين على أن يتبنى موقف الكاتب أو الموكِّل، سواء أكان ذلك الشخص هو القاضي أو المحكِّم أم الطرف الثاني في العقد أو محامي الطرف الآخر. وللإقناع فإن المحامي يستخدم قلمه كأداة لتحقيق أهدافه وأهداف موكله. وإذ إن الإقناع عملية ذهنية معقَّدة، فإن الكتابة القانونية تهدف أيضًا إلى تسهيل اتخاذ القرار بحيث يكون على الكاتب القانوني أن يدعم موقفه بقواعد المنطق السليم أو العدالة أو حتى استمالة شعور الطرف المستهدف من الكتابة بغرض حثه على تبني وجهة نظر الكاتب. وقد يرى البعض أن عمل الكاتب القانوني يشبه عمل السياسي الذي يستميل الناخبين للتصويت

لمصلحته، وهذا القول فيه نظر، لأن الكاتب القانوني تحكمه قواعد أكثر صرامة تؤثر في اختياره مفردات اللغة وتركيباتها والأساليب التي يتبناها.

ومن التحديات التي تواجه المحامي أن الكتابة القانونية كتابة تنافسية، لأن صاحب القرار أمامه الفرصة للاطلاع على كتابة قانونية مماثلة من خَصْم المحامي تعمل على تفنيد حجج المحامي ومناهضتها. أي إن المحامي يواجه خَصْمًا يحاول إبطال عملية الإقناع التي يقوم بها، وهدم الحجج التي يقدمها بغرض إقناع صاحب القرار بعكس ما يسعى إليه المحامي، والنتيجة هي: أن صاحب القرار سيختار فائزًا واحدًا للحكم لمصلحته.

أما في حالة المسائل القانونية التي لا تتضمن خصومة بالمعنى الاصطلاحي للكلمة (مثل الاستشارات القانونية وصياغة العقود)، فإن الحاجة إلى الإقناع تظل حاضرة أيضًا، إذ لا يزال المحامي مُطالَبًا بإقناع موكله بوجاهة الاستشارة القانونية. وفي حالة العمل في صياغة العقود وإبرامها فإن المحامي بحاجة إلى إقناع الطرف الثاني بقبول الشروط التي يضعها المحامي. لذلك فإن عنصر الإقناع هو عنصر جوهري، وأحد ركائز الكتابة القانونية. ويرتكز الإقناع القانوني على بيان أن موقف المحامي يسنده القانون ويتفق معه، أو أن موقف الخَصْم يتعارض مع القانون، إذ إن صاحب القرار يتوقع منه أن يُصدِر قراره وَفْقًا للقانون.

التخطيط بعين القارئ

إن مرحلة التخطيط تقتضي أن تكون شخصية القارئ للمستند هي المحور الذي يدور حوله المستند. وعليه فإن معرفة القارئ بطبيعة المستند وموضوعه سيحددان المحتوى والشكل الذي سيكون عليه المستند، بحيث يتوافق المستند وتوقعات القارئ (Canavor, 2017, p. 25). عليك بذل جهد ليفهم المتلقي المستند ويفهم توقعاته. فلو كان القارئ هو القاضي فإن شكل المستند ودرجة الرسمية المطلوبة فيه تقتضي أن يتوافق المستند وتوقعات القاضي وطريقة مخاطبة المحكمة. ومن المفضل أن تذهب إلى مرحلة متقدمة بحيث تتعرف أسلوب هذا القاضي تحديدًا في الكتابة من خلال الاطلاع على أحكام سابقة أصدرها أو أي كتابات نشرها بغرض تعرُّف أسلوبه،

وقد يكون من المفيد في بعض الأحيان أن تحضر جلسات يديرها القاضي لكي تتعرَّف أسلوبه وتوقعاته من خلال طريقة إدارته الجلسة. لكنْ في العديد من الحالات قد لا يكون ذلك متاحًا، وفي هذه الحالة يمكن الاستعانة بالنظر إلى كتابات قضاة آخرين في الدرجة نفسها أو التخصص بحيث تتعرَّف اللغة المستخدمة.

في حالة كتابة الاستشارات القانونية لمدير في شركة فإن من المفيد تعرُّف توقعات هذا المدير ودرجة معرفته بالموضوع الذي تكتب حوله، لكي تحدد مستوى التفصيل الذي تحتاج إليه، إذ إن معرفة هذا المدير بخلفيات الموضوع الذي تكتب عنه يغنيك عن شرح الأبجديات والتعريف بالأمور الأولية، ويمكنك التوجُّه إلى صلب الموضوع مباشرة. أما إن كان المدير لا يملك أي معرفة سابقة عن الموضوع، فمن الحكمة أن تشرح الأمور الأولية قبل مناقشة موضوع المستند في شكل مقدمة موجزة.

التقسيم والتبويب

مثلما يُقسِّم المهندس المعماري المنزل إلى غرف وأجنحة، عليك بتقسيم المستند إلى أجزاء لكي تُسهِّل عملية القراءة والاستيعاب (Garner, 2013, p. 20). مثلما تحتوي الغرف على نوافذ وأبواب فإن أجزاء المستند يجب أن تُقسَّم إلى أجزاء فرعية. إن تقسيم المستند إلى أجزاء يجب أن يكون وفق المنطق بحيث تجمع العناصر المتشابهة في مكان واحد. لو أمعنت في النظر إلى هذا الكتاب فستجده حافلًا بالعناوين الجانبية، ومنها عنوان هذه الفقرة: التقسيم والتبويب.

حينما تشرع في الكتابة فإنك تأخذ القارئ في رحلة، ويجب أن يكون للرحلة تسلسل منطقي من مكان الانطلاق مرورًا بالمحطات الداخلية حتى تصل بالقارئ إلى نقطة الوصول. من عيوب التخطيط أن ينتقل الكاتب من نقطة إلى أخرى دون وجود رابط منطقي بينهما، إذ يصاب القارئ "بالحيرة" مثلما يضيع السائح في شوارع مدينة غريبة فلا يعرف كيف وصل إلى هذا المكان. وحينما يصاب القارئ بالحيرة فإنه سيترك متابعة الرحلة وقد يتوقف عن القراءة. وإذا كان هذا القارئ هو القاضي فإن الأخطار تكون جسيمة إذا توقف عن قراءة مذكرتك.

خمس خطوات لزيادة التركيز:

لنفترض أنك (أ) تطبِّق قاعدة باريتو واخترت المهام التي تعطيك أكبر عائد (وعلى رأسها الاستثمار في التعلم)، ثم (ب) بدأت بأكثرها صعوبة، فإني أقدم إليك خمس خطوات لزيادة التركيز في أثناء التعلم أو بغرض زيادة الإنتاجية في العمل:

1. **عليك بصنع بيئة خالية من المشتتات:** المشتتات تضيع الوقت وتهدر الطاقة، وعليك بالتخلص من جميع التنبيهات في الهاتف. قوة الإرادة تشبه بطارية الهاتف، فكلما استخدمتها نقص مستواها. لذلك تجنب استهلاك قوة إرادتك من خلال وضع الهاتف في مكان آخر بعيدًا عن منضدة الدراسة أو العمل. بالإضافة إلى ضرر ضياع الوقت، فإن انصرافك إلى متابعة الرسائل والبريد الإلكتروني أو مواقع التواصل الاجتماعي سيجر ضررًا إضافيًّا، وهو ضياع التركيز الذي كنت عليه قبل أن تلمس الهاتف، إذ يقول الخبراء بأنك ستحتاج إلى وقت طويل نسبيًّا للوصول إلى درجة التركيز نفسها التي كنت فيها قبل أن تفتح الرسالة أو تشاهد مقطع الفيديو في حسابك في الفيسبوك (بافتراض أنك رجعت إلى القراءة أو إلى العمل الذي كنت تعمله، وهو أمر مشكوك فيه أصلًا).
2. **ضع مهامَ محددة وقسِّمها إلى أجزاء صغيرة:** كما ذكرنا سابقًا، فإن العقل البشري مجبول على حفظ الطاقة وتجنب هدرها، وإذا لم تُقسِّم المهمة إلى أجزاء صغيرة، فسيراها عقلك على أنها عمل شاق يستهلك طاقتك الذهنية، وسيقاومك أو يغريك بأمور انصرافية تافهة القيمة، ولكنها أكثر متعة حتى يصرفك عن الدراسة التي يحسب أنها تستهلك طاقته. لذلك تجنب أخطار التسويف من خلال تجزئة المهام إلى أجزاء صغيرة يسهل عليك هضمها.
3. **اشحن بطارية التركيز:** يقول الخبراء إن مواصلة الدراسة بعد 30 دقيقة تجعل التركيز يتناقص، ويكون الاستمرار مضيعة للوقت دون فائدة تذكر. لذلك خذ استراحة قصيرة لمدة خمس دقائق بعد كل 25 – 30 دقيقة من الدراسة أو العمل، وستعمل الاستراحة القصيرة على إعادة شحن بطارية التركيز إلى 100% مرة أخرى.
4. **استخدم أساليب التعلم النشط:** لخِّص ما تقرأه أو اكتب ملاحظاتك وتجاربك عن موضوع الدراسة. زِدْ عدد الحواس التي تستخدمها في الدراسة ما أمكن.

5. **ابدأ بفهم الصورة الكبيرة ثم انتقل إلى التفاصيل**: قبل أن تشرع في قراءة الكتاب تصفح جدول المحتويات لتأخذ فكرة شاملة عن موضوع الكتاب. فكِّر في ارتباط موضوع الكتاب بأمور أخرى تعرفها، أي حاول ربط ما تعرفه سلفًا بما تحاول دراسته حاليًّا.

الخلاصة

وفي ختام هذا الشق من الكتاب نخلص إلى أن من المهم أن تتقمص شخصيات مختلفة تتناسب مع المراحل المختلفة التي تمرُّ بها الصياغة القانونية. إن عدم الوعي بأهمية التخطيط لهذه المراحل سيؤدي في الغالب إلى صياغة ركيكة ومشوَّشة تصيب القارئ بالملل أو الاستياء.

إن التخطيط يبدأ بالإعداد النفسي والذهني للكاتب من خلال تبني إستراتيجيات تؤدي إلى تحقيق أفضل النتائج في أثناء مراحل الكتابة المختلفة. إن التخطيط للكتابة يشمل أيضًا معرفة توقعات القارئ وتصميم الكتابة بحيث تلبي تلك التوقعات وتتوافق معها.

لقد أكملتَ الآن وضع خريطة أولية للمستند الذي تنوي صياغته وأصبح لديكَ مخططًا يحوي المواضيع الرئيسة والفرعية، وهي مرتبة بمنطقية تجعلك ترى العَلاقة بين المواضيع في شكل علاقات متشعبة ومترابطة. إن المخطط الذي بين يديك هو في شكل خريطة طريق من نقطة البداية، ويمرُّ بمحطات في أثناء الرحلة وحتى محطة الوصول. أنت الآن جاهز لمتابعة الرحلة من خلال المهارة التالية وهي مهارة البحث والتحليل، وهي ما سنتناوله معًا في الباب المقبل.

تمرين المهارة الأولى

مقدمة

في نهاية كل مهارة من المهارات الخمس ستجد تمرينًا سيساعدك على إتقان هذه المهارة بغرض ترسيخ ما تعلمته، وبغرض تطبيقها على حياتك العملية. وقد دلَّت الدراسات أن أداء التمارين يساعد على زيادة الاستيعاب، وتذكرة المادة التعليمية بحيث تحصل على أقصى فائدة. لذلك ننصحك بممارسة هذه التمارين في أثناء قراءتك الكتاب أو الرجوع إليها بعد الانتهاء من قراءة الكتاب كاملًا.

تمرين الأهداف

في هذا الباب تعلمتُ أهمية تحديد الأهداف، وتعلمتُ أن البداية هي أن تعرف أين تقف الآن. في المساحة الموضَّحة أدناه اكتب ما تعتقد أنه وضعك الحالي في النواحي التالية من خلال تقييم وضعك من 1 إلى 5 (1 بمعنى ضعيف جدًّا و5 ممتاز جدًّا):

م	النواحي المهنية / الشخصية	موقفك أو وضعك الحالي	الوضع الذي ترغب في الوصول إليه
1	موقفك من النواحي المالية		
2	وضعك الصحي من حيث ممارسة الرياضة، الطعام الصحي وصحتك بشكل عام		

3	وضعك المهني والوظيفي حاليًا		
4	المهارات المهنية التي تتقنها أو تتمنى إتقانها		
5	النواحي التي يمكن أن تستخدم فيها مهاراتك في الكتابة		

تمرين المعتقدات

في هذا الدرس تعلمتُ مفهوم المعتقدات وكيف تُشكِّل المعتقدات حياتنا من خلال تشكيل تصرفاتنا. مستخدمًا ما تعلمتَه في هذا الباب، املأ الفراغات الموضحة أدناه بما يناسبها.

م	النواحي المهنية / الشخصية	المعتقدات النافعة التي ترغب في تقويتها	المعتقدات الضارة/المقيدة التي ترغب في استبدالها
1	معتقدات تتعلق بالنواحي المالية		
2	معتقدات تتعلق بالصحة/ التغذية/ الوزن		
3	معتقدات تتعلق بوضعك المهني		

4	معتقدات تتعلق بالمهارات التي تتقنها أو تتمنى إتقانها (ويشمل ذلك مهارات الكتابة)		
5	أي مسألة أخرى تمثل أهمية بالنسبة إليك		

كيف يمكنكَ استخدام ما تعلمتَه من هذا الباب لاستبدال معتقدات تدفعك إلى النجاح وإلى تحقيق ما تريد، بالمعتقدات المقيدة/الضارة؟

اطبع هذه الورقة وضعْها في مكان بحيث تراها باستمرار لكي تُحفِّزك على العمل على التحسن.

تمرين العادات

في هذا الباب تعلمتُ طريقة عمل العادات والدور الذي تؤديه في تشكيل قراراتنا وتصرفاتنا. في المساحة الموضَّحة أدناه اكتب 3 عادات مفيدة ترغب في تنميتها و3 عادات ترغب في التخلص منها:

م	مجال العادة	العادة التي ترغب في تنميتها	العادة التي ترغب في التخلص
1	عادة تتعلق بالنواحي المالية		
2	عادة تتعلق بالصحة أو الطعام أو النوم		
3	عادة تتعلق بالمهنة أو الوظيفة		
4	عادة تتعلق بطريقة ممارستك عملك		
5	أي عادة أخرى تمثل أهمية بالنسبة إليك		

مستخدمًا ما تعلمتَه في هذا الباب فيما يتعلق بتشكل العادة (محفز – روتين/عمل – مكافأة)، حلِّل العادات الضارة التي ترغب في التخلص منها، وحدد الروتين/ العمل البديل الذي يمكن أن تعمله في كل عادة، بحيث يعطيك درجة الإشباع نفسها التي تحصل عليها من الروتين/ العمل المتعلق بالعادة الضارة.

ما الضرر الذي تسببه لك هذه العادات الضارة؟ ما الثمن الذي تدفعه بسبب هذه العادات؟

ما الشعور الذي ستحصل عليه عندما تتخلص من هذه العادات الضارة؟ كيف ستكون حياتك لو اختفت هذه العادات؟

كيف يمكنك تقوية الروتين/العمل الجديد؟

المهارة الثانية: البحث والتحليل

المهارة الثانية: البحث والتحليل

"القراءة بلا تفكر كالأكل بلا هضم".

إدموند بيرك

مقدمة

في المهارة السابقة تناولنا مرحلة الإعداد للكاتب وللمستند. لقد أصبح لديك هيكل أوَّلي سيتشكل منه المستند القانوني الذي تصيغه.

نحن الآن في مرحلة البحث والتحليل، وفي هذا الباب سنتناول معًا أفضل السبل لفعل ذلك ابتداءً من فهم الوقائع، ثم بحث وتحليل القانون الذي يحكم المستند الذي تعمل على كتابته، إلى إنزال القانون على الوقائع وتحليل الأدلة المتعلقة بالموضوع، ثم الوصول إلى خلاصة معيَّنة بعد ذلك. أي إننا سنعبِّئ أجزاء الهيكل الأوَّلي الذي صنعتَه في المرحلة الأولى.

في هذا الباب ستحلل الوقائع وتشرِّحها مثلما يفعل الطبيب عندما يشخِّص المريض بغرض معرفة العلة (أو العلل) التي يشكوها، ومن ثَمَّ يصف له العلاج المناسب. في هذه المرحلة ستُشخِّص الوقائع التي يعرضها عليك الموكل. لكنْ بدلًا من فحص الدم وقياس درجة حرارة المريض، فستدرس الوقائع بغرض معرفة وتحديد القانون الذي يحكمها، وبعد ذلك ستصف العلاج لموكلك من خلال "وصفة" قانونية، قد تكون في شكل مذكرة تقدمها للمحكمة، أو استشارة قانونية تشرح لموكلك الخيارات القانونية المتاحة أمامه.

وعليه فإنك ستقوم في هذا الباب بعمليات البحث القانوني الذي سينتهي بوضع الخطة لصناعة المستند الذي تنوي صياغته، لكنْ قبل أن نبدأ نحتاج إلى القيام ببعض التعريفات التي تمهد الأرضية للعمل.

ما القانون الذي يحكم المسألة موضوع المستند؟

قبل أن ندلف إلى القانون الذي يحكم المسألة موضوعَ البحث لا بدَّ من التطرق إلى المسائل العامة التي لا مناصَ من معرفتها قبل التحدث عن تفاصيل البحث القانوني. تنقسم دول العالم من ناحية الأنظمة القانونية إلى مجموعتيْن رئيسيتيْن هما:

(أ) **دول منظومة القانون العام:** وعلى رأسها بريطانيا والولايات المتحدة وكندا وأستراليا ونيوزيلاندا والهند وكينيا، وغيرها.

(ب) **دول منظومة القانون المدني:** وتشمل معظم دول العالم الأخرى. قد يرى البعض وجود مجموعة ثالثة هي خليط من المنظومتين السابقتين. وقد يقول البعض بأن نظام الشريعة الإسلامية هو نظام قانوني قائم بذاته، لكنْ لا يتسع المجال هنا للخوض في تفاصيل هذا الموضوع لبعده عن موضوع الكتاب، لذلك سنترك مناقشة هذه الجدلية ليوم آخر.

أولًا: القانون في دول القانون العام

وَفْقًا للكاتب (Trachtman، 2013، صفحة 100) فإن عبارة القانون العام (common law) تعني

" a legal system that supplements legislative law with judge-made law"

وعليه فإن المصطلح يقصد به التشريع الذي تُصدِره السلطة التشريعية في الدولة (مثل مجلس الشعب أو مجلس النواب أو ما في حكمهما) بالإضافة إلى السوابق القضائية التي تُرسيها المحاكم المختصة الأعلى درجة؛ مثل: المحكمة العليا ومحكمة الاستئناف التي تصبح قانونًا مُلزمًا للمحاكم الأدنى درجة بصورة آلية دون الحاجة إلى أن تمر المبادئ القانونية التي تضمنتها هذه السوابق

القضائية خلال بوابة السلطة التشريعية.[7] وعليه فإن القانون في دول القانون العام يشمل التشريع + القانون العام (أي القانون الذي تصنعه المحاكم من خلال السوابق القضائية). ولذلك فإن مهارات البحث القانوني تشمل البحث في التشريعات وتشمل استنباط القانون العام من السوابق القضائية التي تصدرها المحاكم التي تملك السلطة القانونية اللازمة.

ولكي تصبح المبادئ[8] التي أرستها المحكمة في حكم القانون يجب توافر عدة شروط منها:

(أ) أن تتشابه الوقائع التي صدرتْ بموجبها السابقة القضائية ووقائع المسألة التي تبحثها، وإلا أصبحت هذه السابقة عرضة للاستبعاد (distinguishable). ويعني ذلك أنها لا تنطبق على المسألة موضوع البحث بسبب الاختلاف الجوهري في الوقائع.

(ب) أن تكون السابقة القضائية قد صدرت من محكمة مختصة، فمثلًا السابقة التي ترسيها محكمة الاستئناف ليست مُلزِمة للمحكمة العليا، لأن المحكمة العليا أعلى درجة في الهرم القضائي من محكمة الاستئناف. ولكنَّ السابقة التي ترسيها المحكمة العليا تُلزِم جميع المحاكم الأدنى من بين ذلك محكمة الاستئناف والمحكمة الابتدائية.

---

(7) See the definition of "common law" in "Common-Law Definition & Meaning." *Merriam-Webster*, Merriam-Webster, https://www.merriam-webster.com/dictionary/common-law.

Definition of *common law* (Entry 2 of 2)
"the body of law developed in England primarily from judicial decisions based on custom and precedent, unwritten in statute or code, and constituting the basis of the English legal system and of the system in all of the U.S. except Louisiana."

(8) To know more about the concept of precedents, see Team, by Content. "Precedent - Definition, Examples, Cases, Processes." *Legal Dictionary*, 15 Feb. 2019, https://legaldictionary.net/precedent/. See the definition of "Binding precedent. In common law system systems, the judge-made rule of law driven from earlier judicial decisions, which is binding in future disputes." (Trachtman, 2013, p. 99)

(ت) أن يكون المبدأ الذي أرسته المحكمة يتعلق بمسألة نظرتها المحكمة في أثناء فصلها في الدعوى، بحيث يكون نظر المحكمة إلى تلك المسألة ضروريًا للفصل في الدعوى ([9] ratio decidendi). فإذا كان المبدأ لا يتعلق بمسألة جوهرية، فإن ذلك لا يدخل ضمن المبدأ القانوني، وإنما يعتبر بمنزلة " تعليق عرضي" (obiter dictum) من المحكمة، لأنه يتعلق بمسألة لم تنظرها المحكمة بغرض الوصول إلى حكمها (Trachtman، 2013، صفحة 102).

(ث) إن المبادئ القانونية التي تصدرها المحاكم المختصة في دول أخرى ليست ملزمة للمحكمة الوطنية، ولكنَّ لها قيمةً أدبيةً من حيث إقناع المحكمة الوطنية بتبنيها دون أن تكون ملزمة قانونًا بذلك، وإنما على سبيل الاستئناس. لكنْ على الرغم ذلك فإن المبادئ التي تصدرها المحاكم العليا في دول الكومنولث البريطاني عادة تلقى احترامًا من دول الكومنولث الأخرى باعتبارها صادرةً عن محاكم لها سلطات أعلى.

إن نظام القانون العام غير منتشر في الدول العربية، حيث يغلب عليها نظام القانون المدني اللاتيني مصحوبًا بقواعد الشريعة الإسلامية. لكنْ على الرغم من تأثير قوانين الشريعة ومبادئ القانون المدني من خلال قانون المعاملات المدنية، فإن السودان يعتبر من أقرب الدول العربية إلى نظام القانون العام الذي ورثه السودان من حِقبة الاستعمار البريطاني، شأنه في ذلك شأن جميع دول القانون العام مثل كندا والولايات المتحدة والهند ونيجيريا وغيرها من دول القانون العام (للمزيد عن هذا الموضوع يمكنك الاطلاع على مقالتي بعنوان:

Insight in the Legal System of Sudan, Dusting off the Arab World's Only Common Law Jurisdiction (Khair، 2018، الصفحات 42-45).

لكنْ في الآونة الأخيرة زاد تأثير القانون العام في بعض الدول العربية تقوده مكاتب المحاماة الأجنبية في دول الخليج العربي (وهي في مجملها مكاتب محاماة من دول القانون العام مثل بريطانيا

---

[9] See (Trachtman, 2013, p. 103) the definition of "Ratio decidendi. Latin for the `the rule of decision`. The goal of common law analysis is to determine the ratio decidendi on which prior decisions are based."

والولايات المتحدة وأستراليا) والمناطق الاقتصادية الحرة في بعض دول الخليج. ثم إن بيئة قانون الأعمال في مِنْطَقة الخليج العربي تغلب عليها العقود والمعاملات التِّجارية المستمدَّة من القانون العام بالإضافة إلى انتشار مراكز التحكيم الأجنبي. وفي الإمارات العربية المتحدة فإن نظام محاكم المركز المالي في دبي يطبق نظام القانون العام بصورة غير مسبوقة في المِنْطَقة.[10]

وبصفة عامة فإن السوابق القضائية التي أرستها المحاكم في منظومة القانون العام قد سبقت التشريع، بحيث بدأت المحاكم في إرساء المبادئ القانونية منذ ولادة هذه المنظومة في إنجلترا، ثم تلا ذلك سنُّ السلطة التشريعية (البرلمان) التشريعات. وعليه فإن السلطة التشريعية تملك تعديل المبادئ القانونية التي ترسيها المحاكم، وذلك من خلال سنِّ التشريعات التي تلغي أو تعدِّل المبادئ التي أرستها السوابق القضائية، إذ إن السلطة التشريعية تتكون من ممثلي الشعب. لكنْ تعود الكرة إلى ملعب المحاكم مرة أخرى من خلال رقابة المحاكم على دستورية التشريعات التي تصدرها السلطة التشريعية للتأكد من أن هذه التشريعات لا تخالف الدستور. ومن ثَمَّ يتضح التكامل (أو التنافس) بين دور المحاكم ودور السلطة التشريعية في صناعة القانون ضمن هذه المنظومة القانونية.

ثانيًا: القانون في دول القانون المدني

كما ذكرتُ فإن الدول العربية في مجملها تتبع نظام القانون المدني (مع تأثير واضح لقوانين الشريعة الإسلامية). وفي منظومة القانون المدني فإن القانون له مصدر واحد وهو التشريع الذي تُصدِره السلطة التشريعية المختصَّة، إذ لا تعتبر المبادئ التي ترسيها المحاكم ملزمة قانونًا، وإن كان لها وزن من حيث قوة الإقناع. لكنْ مع ذلك فقد درجت المحاكم على منح قوة أكبر للمبادئ القانونية التي تُرسيها المحاكم العليا، وتقوم الدوائر والمكاتب المختصة في هذه المحاكم بعمليات تبويبها وتصنيفها ونشرها.

---

[10] To know more, please see Dubai International Financial Center https://www.difc.ae/business/laws-regulations/

وعمومًا يرى العديد من الفقهاء أن الشقة بين دول نظام القانون العام والقانون المدني تتجه نحو التقلص بسبب اتجاه دول نظام القانون العام إلى تضمين المبادئ القانونية التي استحدثتها المحاكم وإنزالها في تشريعاتها، وفي المقابل فإن محاكم دول القانون المدني تعمد إلى احترام المبادئ التي تُرسيها محاكمها العليا، ومن ثَمَّ فإن كل نظام قانوني يتجه نحو الآخر.

الهرمية بين القوانين

لا يكفي أن تلمَّ بالفروق بين نظام القانون العام وبين نظام القانون المدني، بل لا بدَّ أن تحدد القانون الذي يحكم المستند الذي تصيغه. فبعد أن تحدد القانون، يجب أن تحدد درجة ذلك القانون لأن القوانين ليست متساوية من حيث الهرمية. فعلى قمة الهرم القانوني يتربع الدستور(11) أو النظام الأساسي للدولة بحيث تسود أحكامه على ما دونه من التشريعات في حالة التعارض. فمثلًا إذا كانت المادة أو المواد التي تحكم المستند الذي تصيغه هي جزء من تشريع، فمن المفيد أن تتأكد أنها لا تتعارض مع قاعدة دستورية لأن مثل هذا التعارض يجعل المادة التي تتعارض هي والمبدأ دستوري عرضة للبطلان لعدم دستوريتها. وفي المقابل فإذا كانت المادة أو النص القانوني الذي يحكم المسألة يضر بمصلحة موكلك فعليك النظر في الطعن في هذا النص بعدم دستوريته بغرض إلغاء تأثيره الضار في موكلك. وعمومًا فإن الهرمية بين القوانين تكون كالآتي:

أ- **الدستور أو النظام الأساسي**: يأتي في قمة الهرم القانوني ويسميه بوتمان و ألبرايت بأنه

"governing documents adopted by the people"

(Albright, Legal research, analysis, and writing, 2014, p. 55). ويتميز القانون الدستوري بسموِّه على غيره من قوانين وفق ما ذكرنا.

(11) To know more please see, Admin. "Understanding Precedent - Laws.com." *Common*, 22 Dec. 2019, http://tinyurl.com/5h7kyfbk

ب- **التشريع القانوني**: يصدر التشريع من السلطة التشريعية المختصة (مثل البرلمان أو مجلس الشعب) ويجب أن يتسق ويتوافق التشريع والدستور، وإلا أصبح عرضة للطعن عليه بأنه "غير دستوري".

ت- **اللوائح**: اللوائح هي قوانين تصدرها سلطة تنفيذية مختصة بتنفيذ التشريع وتستمد شرعيتها من التشريع. ولذلك يجب أن تتفق اللائحة والتشريع الذي صدرت تحته، وفي حالة التعارض تسود أحكام التشريع على اللائحة.

وسائل البحث القانوني

في الغالب ما تنشر وزارات العدل (أو ما في حكمها) القوانين وتعديلاتها على الموقع الإلكتروني للوزارة. كما قد تنشر الوزارة المناط بها تنفيذ قانون معين القانون ولائحته التنفيذية على موقعها. وقد جعل الإنترنت عملية البحث أكثر سهولة بسبب الإمكانات غير المسبوقة التي تتيحها محركات البحث مثل جوجل وياهو وغيرها.

مثلًا في سلطنة عمان يمكنك الوصول إلى التشريعات التي تحوي القوانين والمراسيم السلطانية من خلال موقع وزارة العدل والشؤون القانونية (وزارة العدل و الشؤون القانونية ، 2022): https://mjla.gov.om/legislation/laws/#. كما يحوي الموقع إصدارات الجريدة الرسمية والاتفاقات الدولية. ومع أنَّ طبيعة المواقع الإلكترونية تتسم بالديناميكية والتغير فإن هذا الموقع لا غنى عنه في البحث القانوني المتعلق بقوانين سلطنة عمان.

وكمثال على البحث في اللوائح المتعلقة بشركات المساهمة العامة وقوانين رأس المال يمكن الذَّهَاب إلى موقع الهيئة العامة لسوق المال في السلطنة خلال موقعها الإلكتروني: https://www.cma.gov.om/Home/DecisionsCirculars

لكنْ ما زالت النسخ الورقية للقوانين مثل المجلدات القانونية مصدرًا مهمًّا للبحث القانوني. وفي تاريخ إصدار هذا الكتاب تتوافر أنظمة إلكترونية متخصصة تقدمها شركات البحث القانوني. ومن الملاحظ أن دول القانون العام المتقدمة مثل الولايات المتحدة وبريطانيا وكندا وأستراليا تتوافر فيها مؤسسات بحث قانوني عملاقة مثل ليكزس نيكزس (LexisNexis) وويست لو (Westlaw)[12] بسبب أن البحث في السوابق القضائية التي تُرسيها المحاكم هو مسألة جوهرية في هذه الدول استنادًا إلى طبيعة نظامها القانوني المبني على السوابق القضائية التي تُرسيها المحاكم. ومن ثَمَّ تتيح مؤسسات البحث العلمي القانوني هذه الإمكانات الهائلة أمام الباحثين.

وفي حالة استخدامك نظامًا إلكترونيًّا للبحث يستخدم لغة أجنبية مثل الإنجليزية فيجب مراعاة النص العربي الأصلي والانتباه لجودة الترجمة، إذ تنص معظم القوانين على أن اللغة العربية هي التي تسود في حالة الاختلاف بين النصين.[13]

الذكاء الاصطناعي والبحث القانوني:

في تاريخ طباعة هذا الكتاب فإن الذكاء الاصطناعي في مجال البحث القانوني في الدول العربية في بداية المشوار. لكنْ ونسبة إلى التقدم التكنولوجي المطَّرد، فإنني أتوقع تقدمًا كبيرًا في أنظمة البحث القانوني في العالم العربي التي ستعتمد على الذكاء الصناعي حتى تلحق الدول العربية بركب العلم والتطور، إذ ما زلنا متأخرين عن باقي العالم في مجال استخدام التقنيات الحديثة في المجال القانوني بصفة عامة، ومجال البحث القانوني بصفة خاصة.

---

(12) For example, to know more about how to conduct legal research using Westlaw, please see (Albright, Legal Research, Analysis, and Writing , 2014, p. 226).

(13) على سبيل المثال تنص المادة (27) من قانون الإجراءات المدنية والتجارية العماني الصادر بالمرسوم السلطاني رقم 2002/29 على أن:("اللغة العربية هي لغة التقاضي ولا تقبل أية أوراق أو مستندات 00الا إذا كانت محررة باللغة العربية أو مرفقا0 بها ترجمتها العربية، وفي جميع الأحوال تكون الحجة للمحررات العربية... 00الخ"، المرجع السابق (وزارة العدل و الشؤون القانونية ، 2022).

المصادر الأولية والفرعية للقانون

يُصنِّف الفقهاء التشريعات والقوانين واللوائح الصادرة من الجهات المختصة (مثل السلطة التشريعية أو الوزارة المعنية بتطبيق اللائحة) على أنها مصادر أولية للقانون، وهي تُمثِّل الركيزة الأساسية للبحث القانوني. في حين تُصنَّف مؤلفات فقهاء القانون التي تصدر في شكل كتب أو دوريات أو مقالات قانونية بأنها مصادر ثانوية من ناحية البحث القانوني بسبب أنها تحوي تعليقًا أو شرحًا للمصادر الأولية للقانون.

وفي الغالب فإن المصادر الثانوية تُقدِّم شرحًا مستفيضًا (أو مختصرًا) للقانون، وَفْقًا للزاوية التي يتناولها المؤلف بحيث تحمل قوة إقناع للمحاكم، خاصة إذا كانت صادرة من فقهاء لهم مكانتهم في مجال تخصصهم القانوني. وبالنسبة إلى فقهاء الشريعة الإسلامية، فإن مؤلفات فقهاء المسلمين الكبار لها مكانة عظيمة في الأهمية، ومثال ذلك أقوال الأئمة الأربعة وآراؤهم (وهم الإمام مالك والشافعي وابن حنبل وأبي حنيفة)، وغيرهم من أئمة المذاهب الإسلامية وفقهاء الشريعة الإسلامية.

تشير التجارب العملية إلى أن بداية أعمال البحث من المصادر الثانوية هو الخيار الأفضل. وإذ إن كتب القانون كثيرًا ما تحوي جدول المحتويات، فإن الخطوة الأولى في البحث تتمثل في الاطلاع على جدول المحتويات بصورة سريعة بغرض تحديد الجزء الذي يتناول موضوع المستند وعمل ملخص مختصر لما تجده من رأي أو تفسير للمسألة لكي تستخدمه في الصياغة وفي تدعيم محتوى المستند القانوني. وعليك بتسجيل رقم الصفحة واسم المؤلف والكتاب بعناية لكي ترجع إليهم لاحقًا، ولكي تلتزم بقواعد الاقتباس وحقوق الملكية الفكرية وهو ما يقودنا إلى الحديث عن توثيق المراجع والمصادر.

توثيق المراجع والمصادر

توجد عدة أساليب لتوثيق المراجع أشهرها أسلوب جمعية علماء النفس الأمريكية (APA) وأسلوب جامعة شيكاغو وأسلوب جمعية اللغات الحديثة MLA. وإذ إن القانون من العلوم الاجتماعية،

فقد اخترتُ لهذا الكتاب التوثيقَ بأسلوب جمعية علماء النفس الأمريكية.[14] لكنْ من المهم بمكان الالتزام بالأسلوب نفسه في جميع أجزاء المستند الواحد.

ويمكنك الاستعانة ببرنامج مايكروسوفت وورد في قائمة المراجع (References) في أعلى قائمة العرض وبالضغط عليها تجد خيار الأسلوب لتختار منه الأسلوب المناسب، ويمكنك تعديل الأسلوب بصورة أوتوماتيكية من النافذة نفسها، وهي طريقة فعَّالة ومفيدة في أثناء عمليات البحث القانوني، لأنها توفر الوقت والجهد. (انظر إلى المثال الآتي).

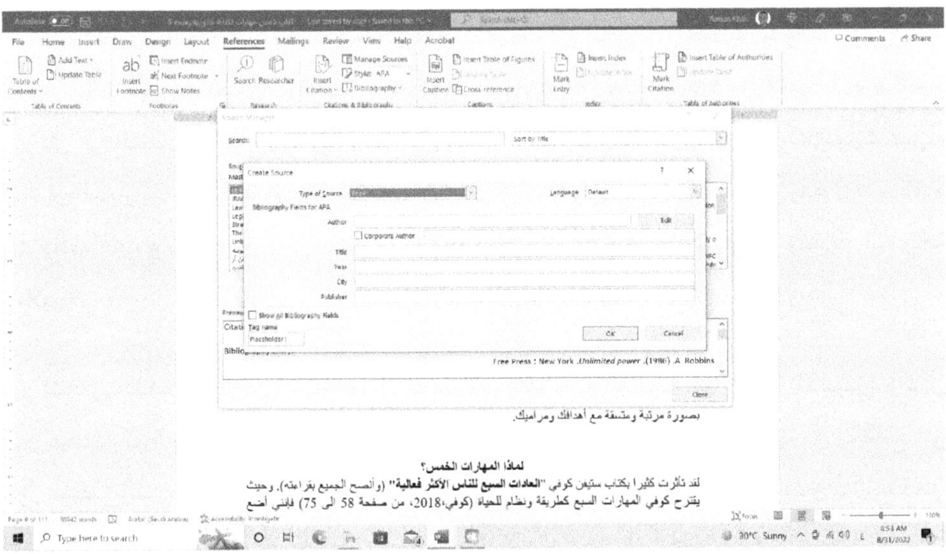

تحليل الوقائع

لكي تُحدِّد القانون الذي يحكم المسألة فإن من المهم معرفة الوقائع والأحداث المتعلقة بالمسألة لأنها تُحدِّد ماهية القانون الواجب التطبيق. إن تحديد الوقائع يحدث في الغالب في المقابلة

---

(14) لمعرفة المزيد عن أسلوب جمعية علماء النفس الأمريكية يمكن الرجوع إلى الموقع بعنوان فرصة http://tinyurl.com/a6z4ve3x

الأولوية مع العميل، ومن المهم أن تُشجِّع العميل أن يحكي قصته دون مقاطعة لكي تفهم الوقائع بدقة. ومن المهم توجيه الأسئلة التي تقود إلى معرفة الخلفيات والتفاصيل. وعليك أن تستمع لما يقوله العميل (وما لا يقوله أيضًا) بحيث لا تأخذ جميع المعلومات التي يُدلي بها العميل كأنها أمور مسلم بها دون أن تمحِّصها. وهذا لا يعني عدم الثقة بأقوال العميل، لكنْ قد يكون العميل قد قدَّم وقائع خاطئة دون أن يدري أو قد يقدم معلومات ناقصة، وهنا يأتي دور المحامي في التمحيص للوصول إلى أدق صورة ممكنة للوقائع. وأيضًا يكون لمهارات المحامي في الإنصات دور جوهري في هذا الشأن.

إذا كنت تعمل مستشارًا قانونيًا في القسم القانوني في القطاع الخاص أو العام، فإن عميلك هو القسم أو الشخص الذي تقدَّم له الاستشارة أو الخدمة القانونية، ومن ثَمَّ فإن عليك الواجب نفسه الذي يقع على المحامي في مكتب المحاماة فيما يتعلق بفهم الوقائع.

إذا كانت الوقائع منشورة في مكان آخر؛ مثل: الصحف أو الإنترنت، فعليك مقارنتها بما يصل إليك من العميل أو من أي مصدر آخر لتعرُّف أيِّ نواقص في الموضوع. إذا كان الموضوع يتناول مسائل فنية، فعليك بالتحدث إلى ذوي الاختصاص لكي تحصل على فهم أوَّلي للمسائل الفنية. فمثلًا لو كانت المسألة القانونية تتعلق بخطأ طبي، فمن المهم أن تتحدث إلى أطباء عن طبيعة المرض وطريقة تشخيصه وعلاجه بصورة مستقلة عما وصل إليك من العميل لكي تحصل على فهم أعمق للمسألة. وكما ذكرتُ سابقًا فإن محركات البحث في الإنترنت جعلت المعرفة متاحة عن أي موضوع تقريبًا بصورة لم يشهد لها العالم مثيلًا من قبل.

إذا كان الملف الذي تعمل عليه يتعلق بدعوى أمام المحاكم، فإن عمق فهمك للوقائع سيجعلك متقدمًا على محامي الخَصْم، والعكس صحيح. في إحدى الدعاوى التي كنت أعمل عليها كان النزاع يتعلق بعقد مقاولات بين المقاول الأصلي والمقاول الفرعي. وفي بداية عرض الملف قابلتُ مشرفي العمال وعددًا من المهندسين الذين كانوا يعملون في المشروع، وزرت المشروع نفسه لكي أتعرَّف تفاصيل وطبيعة العمل. وفي المقابل اكتفى محامي الطرف الآخر بتقديم طلب إلى المحكمة بتحويل النزاع إلى خبير هندسي لبيان كيف نُفِّذَ المشروع، وكيف نفذ الطرفان العمل. بسبب فهمي طبيعة

المشروع والأعمال التي نفذها المقاول الرئيس والمقاول الفرعي استطعتُ تقديم دفوع تسندها أدلة مستمدة من تقارير تنفيذ المشروع تشرح للمحكمة كيف نُفِّذَ العمل بأسلوب واضح سهل الفهم، ومن ثَمَّ لم ترَ المحكمة الحاجة إلى تعيين خبير وحكمت لمصلحة موكلي.

بعد أن حلَّلتَ الوقائع، عليكَ البحث في القانون الذي يحكمها وتعرُّف القواعد القانونية التي تثيرها هذه الوقائع. ومن النادر أن تكون الوقائع محكومة بقانون واحد، بل في الغالب تخضع لأكثر من قانون، ولذلك عليك النظر في القوانين التي تتقاطع مع القانون الرئيس الذي توصلتَ إليه، وكيف يمكنكَ الاستفادة من هذه التقاطعات في بناء قضية موكلك، أو إيجاد ثغرات قانونية توفر استثناءات يمكن لموكلك الانتفاع بها إما في بناء حجته وإما دحض حجة الخَصْم.

فمثلًا لنفترض أن عميلًا حضر إلى مكتبك وأخبرك بأنه اشترى سيارة بمبلغ ألف دولار، ثم كشف بها عيبًا يكلف إصلاحه 500 دولار. فقد يكون من المناسب البحث عن القانون الذي يحكم عقد البيع لتعرُّف أركان عقد البيع وشروطه، ثم مقارنة ذلك بالوقائع المطروحة للتحقق من انعقاد العقد أو عدمه. فإذا انتهيتَ إلى وجود عقد بيع صحيح، فقد يكون من المناسب النظر إلى القواعد التي تحكم العيوب التي تطرأ على المبيع وكيف يتعامل معها القانون، مهتديًا بذلك بالسعي نحو حماية مصالح موكلك بأفضل السبل التي يبيحها القانون. فمثلًا قد تجد قواعد عقد البيع في قانون المعاملات المدنية، لكنْ قد تجد لائحة تنفيذية أصدرتها وزارة التجارة تُنظِّم الضمان الذي يُقدِّمه البائع في عقود بيع السيارات. وبمعرفتك بقواعد هرمية القوانين يتضح لك أن قانون المعاملات المدنية الذي أصدرته الجهة التشريعية المختصة يسمو على اللائحة التنفيذية في حالة التعارض. لكنْ في حالة عدم التعارض فقد يكون من المناسب الاستفادة من قاعدة "الخاص يُقيِّد العام"، لأن قانون المعاملات يُنظِّم عقد البيع عامة، في حين تتناول اللائحة نوعًا خاصًّا من العقود وهو عقود بيع السيارات. وإذا انتقل هذا النزاع إلى ساحة القضاء فإن ذلك يستدعي النظر في قوانين أخرى، مثل قانون الإجراءات المدنية (الذي يُنظِّم طرق رفع الدعوى وأشخاصها وطريقة إدارتها) وقانون الإثبات (الذي يُنظِّم كيفية قبول الأدلة وعرضها أمام المحكمة وحجيتها)، وكلها قوانين تشتمل على قواعد قانونية شكلية وأخرى موضوعية.

ترتيب الأدلة وتنسيقها

يجب أن ترتِّب الأدلة التي تدعم قضيتك بمنطقية واتساق بحيث تدعم هذه الأدلة الحجة أو الحجج التي تقدمها. إن الحجة أو الدفع دون دليل هو قول مُرسَل غير مقبول في الإثبات. وعليه فإن ترتيب الأدلة وتنسيقها من المهارات الأساسية في الكتابة القانونية عمومًا، لكنْ تزداد أهميتها في المذكرات القانونية أمام المحاكم وهيئات التحكيم. ويجب أن يتصل الدليل مع الدفع الذي تُقدِّمه بصورة منطقية، بحيث تتناسب النتيجة التي تقترحها مع دلالة الدليل.

فإذا كنت تمثل المشتري في المثال السابق، فقد يكون من مصلحة موكلك فسخ عقد البيع للتخلص من عبء إصلاح السيارة، ومن ثَمَّ فعليك النظر في الأدلة التي تشير إلى وجود عيب في الرضا بين الأطراف أو في عدم تطابق العرض مع القبول. وقد يكون من مصلحة موكلك الاحتفاظ بالسيارة، لكنْ إلزام البائع بقيمة الإصلاح، ومن ثَمَّ تبحث عن الأدلة التي تدعم التزام البائع بالضمان.

أمَّا إذا كنت تمثِّل البائع، فقد يكون من مصلحة موكلك الحصول على ثمن السيارة كاملًا، فتبحث عن الأدلة التي قد تثبت علم المشتري بالعيب (حقيقة أو ضمنًا) ومن ثَمَّ رضاه بشراء السيارة، ومن ثَمَّ استحقاق موكلك الثمن. أو قد تسعى إلى إثبات عدم انطباق اللائحة على موكلك، كونها مثلًا تخص بيع السيارات من خلال وكالات السيارات، ولا تنطبق على حالات البيع بين الأفراد.

من الأخطاء التي يقع فيها بعض المحامين أنهم يقبعون في مكاتبهم منتظرين أن يزودهم العميل بجميع المعلومات والأدلة المطلوبة في الدعوى، دون أن يبذلوا أي جهد في توجيه العميل لنوع الأدلة التي تخدم قضيته. وحين يتبنى المحامي مثل هذا الموقف فإنه يفترض أن العميل يعرف سلفًا ما المستندات والمعلومات التي ستخدم قضيته وأهدافه، وهذا افتراض غير منطقي، فلو كان العميل يعرف ذلك فإن حاجته إلى المحامي تصبح مسألة نظر. ثم إن تبني أقوال العميل ووجهة نظره دون تمحيص لا يخدم العميل في شيء، بل على المحامي أن يؤدي دورًا إيجابيًّا في توجيه العميل ومساعدته على البحث عن الأدلة والمستندات والشهود الذي يخدمون دعواه. في كثير من الأحيان يرجع السبب في خسارة الدعوى ليس بسبب ضعف الدعوى نفسها، وإنما إلى القصور في طريقة

عرضها على المحكمة، ومردُّ ذلك إلى قصور في فهم الموكل أو المحامي للوقائع أو عدم إدراكهما البدائلَ المتاحةَ من الأدلة. ولكنَّ ذلك لا يعني أن على المحامي مساعدة العميل على اختلاق الأدلة، وإنما عليه مساعدته على اكتشاف مكانها. لقد ساعدتني هذه الطريقة في العديد من القضايا التي عملتُ عليها، بل حتى في صياغة هذا الكتاب الذي بين يديك وتأليفه.

وفي حالة طرح الخَصْم أدلة تضر قضية موكلك، فعليك بالتفكير في تقديم أدلة تناهض الطرح الذي يقدمه الخَصْم، أو أن تقدم تفسيرًا منطقيًّا لسلوك موكلك، بغرض الوصول إلى استثناء من القاعدة القانونية التي يدعيها الخَصْم. في بعض الأحيان قد يكون من المناسب النظر في الناحية الشكلية للأدلة، أو الطريق الذي سلكه الخَصْم في الحصول عليها، أو في توقيت تقديمها. فإذا وجدتَ أي ثغرات تتعلق بشكل الأدلة يمكنك أن تتمسك بها في الوقت المناسب قبل أن تنتقل إلى النظر في موضوع الأدلة. في المهارة السابقة كنت قد عملتُ خريطة أولية، وعليك الرجوع إليها بغرض تصميم الأدلة التي ستحتاج إليها.

في بعض الحالات فإن الأدلة قد تكون مستمدَّة من الدراسات والإحصائيات التي تدعم الطرح الذي تتبناه في المستند، لذلك من الأهمية تحري المصادر الموثوق بها التي تستقي منها الأدلة. وتمثل المعاهد العلمية المتخصصة مثل الجامعات ومنظمات الأمم المتحدة والمنظمات الدولية المعروفة مصادرًا تحظى بمصداقية أكبر من غيرها. وبالطريقة نفسها فإن فحص أدلة الخَصْم ومعرفة مصادرها سيساعدك على التصدي لها، وبيان أوجه الضعف فيها وطرق الطعن في مصداقيتها أو في حياديتها.

ترجمة المستندات

عادة تكون اللغة العربية هي اللغة المعتمدة في المحاكم. وإذا كان هناك قانون يقضي بأن تكون المستندات المقدمة للمحاكم هي اللغة العربية (كما هي الحال في سلطنة عمان مثلًا)[15] فإن عليك

---

[15] أنظر المادة (27) من قانون الإجراءات المدنية والتجارية (وزارة العدل و الشؤون القانونية ، 2022) المرجع السابق.

ترجمة المستندات والأدلة والتقارير التي تصدر بلغة أجنبية إلى اللغة العربية. ويجب تخيُّر مكتب ترجمة أو مترجمين يتمتعون بخبرة ودراية كافية بأصول الترجمة القانونية، لأن الترجمة التي سيقدمونها ستعتمد عليها المحاكم في فهم الوقائع. لذلك عليك بمراجعة الترجمة للتأكد من دقتها وخلوها من أخطاء تضر بقضية موكلك. أحيانًا قد يكون من المفيد عرض الترجمة الخاصة بالفقرات الجوهرية على مترجم متخصص واستطلاع رأيه فيها. أحيانًا يكون من المفيد تقديم ترجمة للمصطلحات القانونية الفنية بغرض مساعدة المترجم على الترجمة باحترافية. الاهتمام بالتفاصيل من أهم المهارات التي على المحامي التمتع بها.

التخطيط النهائي للمستند

لقد حلَّلتَ الوقائع وحدَّدتَ القانون الذي يحكمها، كما درستَ الأدلة التي قدَّمها إليكَ العميل، وبذلتَ الجهد الكافي في تقصِّيها بصورة موضوعية، وتكوَّنت لديك فكرة أولية معقولة عن الوقائع والقانون الذي يحكم تلك الوقائع. عليك الآن إنزال القانون على الوقائع في شكل منطقي مستخدمًا طريقة الخرائط الذهنية[16] من خلال تكوين عناوين جانبية وعناوين فرعية، أو بأي طريقة تراها مناسبة، بحيث تساعدك على رسم الهيكل للمستند الذي تخطط لصياغته، واضعًا بعين الاعتبار شخصية المتلقي، والأهداف التي تنوي تحقيقها من صياغة المستند.

قد يتخذ التخطيط عدة أشكال، وما يهم هنا ليس الشكل، وإنما مضمون هذا المخطط الذي يجب أن يُشكِّل خريطة طريق تساعدك على بناء المستند من خلال المرحلة القادمة التي سنتناولها عند الحديث عن مهارة الصياغة أو الكتابة.

الخلاصة

إن التفكير النقدي ومهارات الإنصات من المهارات المهمة التي يجب أن ينميها المحامي في جميع مراحل العمل القانوني، لكنْ تزداد تلك الأهمية في مرحلة البحث والتحليل. إن الاستماع لموكلك

(16) لمعرفة المزيد عن كيفية عمل الخرائط الذهنية انظر كتاب توني بوزان How to Mind Map
https://www.tonybuzan.edu.sg/books/

بغرض فهم الوقائع مسألة جوهرية، لكنْ عليك ألا تكتفي فقط بما سمعته من الموكل، وأن تبحث بحثًا تكميليًّا لفهم الوقائع بصورة كاملة، وتغطية أي نقص ومعرفة الأخطاء إن وجدت.

بعد أن فهمتَ الوقائع وحددتَ الوقائع الجوهرية عليك بإجراء عمليات البحث القانوني بغرض تحديد القانون الذي يحكم هذه الوقائع، متسلحًا بالإستراتيجيات التي تعرَّفتها في هذا الباب.

بنهاية هذه المهارة تكون قد أكملتَ عمليات البحث القانوني، وأنزلتَ القانون على الوقائع وتوصلتَ إلى مخطط مبدئي يوضح الدفوع التي سترتكز عليها في الصياغة، والمسائل التي ستناهضها وتتصدى لها، وأصبحت تحمل خريطة نهائية واضحة للطريق الذي تسلكه وللهدف الذي تصبو إليه.

أنت الآن جاهز للانطلاق في أعمق مراحل الإبداع الكتابي، وهي مرحلة الصياغة، وهي ما سنتناوله معًا في الباب المقبل.

تمرين المهارة الثانية

البحث والتحليل

في هذا الدرس تعلمتَ خطوات البحث القانوني الثلاث:

أ- تحديد الوقائع.

ب- تحديد القانون.

ت- إنزال القانون على الوقائع ثم تحديد خريطة الدفوع.

اخترْ أحد الملفات الحديثة التي تعمل عليها، ونفِّذ الخطوات التالية باستخدام طريقة الخريطة الذهنية:

أ- تحديد الوقائع:

ما الوقائع المتعلقة بالملف؟ كيف حصلت على هذه المعلومات؟

إذا كان مصدر الوقائع هو العميل، فما البحث المستقل الذي يمكن أن تستخدمه للتأكد من الإلمام بجميع النواحي المتعلقة بالوقائع؟

كيف يمكنك أن ترشد العميل إلى نوعية الأدلة التي تخدم قضيته؟

ب- تحديد القانون الواجب التطبيق

حدد القانون الذي يحكم الوقائع التي حدَّدتها

ما درجة هذا القانون (تشريع/دستور/ لائحة تنفيذية... إلخ)

ما القوانين الأخرى التي يمكن أن تتقاطع مع هذا القانون؟ كيف يمكنك الاستفادة من هذا التقاطع في بناء المستند الذي تعمل عليه؟

ت- إنزال القانون على الوقائع

حدد القاعدة/ القواعد القانونية التي يطرحها القانون. ما أركان هذه القاعدة/ القواعد؟ هل تشير الوقائع إلى تحقُّق أركان القاعدة؟ كيف يمكنك الاستفادة من ذلك في صياغة المستند.

ارسم مخططًا للدفوع التي تنوي استخدامها، مع رسم خطة للتعامل مع الدفوع/ الأدلة المناهضة.

قسِّم المستند إلى 3 أجزاء: مقدمة – موضوع – خاتمة.

المهارة الثالثة: الصياغة

المهارة الثالثة: الصياغة

"إذا تمكنت من قراءة مادة مكتوبة دون جهد يُذكَر، فهذا معناه أنه قد بُذِلَ جهد كبير عند كتابة هذه المادة".

إنريكي جارديل بونشيلا

مقدمة

نحن الآن في مرحلة الصياغة التي ستعتمد فيها على الخريطة أو المخطط الذي صنعته في أثناء قيامك بالأعمال المضمنة في مهارة البحث والتحليل. إنها مرحلة التنفيذ التي تُخرج المُسوَّدة الأولى للمستند إلى العالم، وذلك بأن تنزِل القانون على الوقائع في شكل جمل وعبارات وفقرات، وسنتحدث هنا عن أساسيات الصياغة القانونية.

تُمثِّل مرحلة الصياغة المرحلة الوسطى بين مراحل الكتابة، وهي حجر الزاوية لأنها المرحلة التي تُخرِج فيها أفكارك وشخصيتك إلى الوجود. إنها مرحلة الإنتاج الأولى حين ترى كلماتك أمامك في شكل جمل وفقرات تتحرك بين يديك، وتحركها من مكان إلى آخر طائعةً وملبيةً أوامرك. يتيح لك الحاسوب القدرة على تحويل كلماتك إلى جُمل، وتتحول الجُمل إلى فقرات، وتتجمع الفقرات لتشكل أقسامَ المستند الذي تصيغه.

في أثناء تناولنا الصياغة يجب أن ندرك أن لكل مقام مقالًا، ويجب أن نضع في الحسبان شخصية المتلقي أو قارئ المستند، بحيث تتوافق الصياغة وتلك الشخصية. وكلما استثمرنا الوقت والجهد في معرفة توقعات القارئ، زادت احتمالية قدرتنا على تلبية تلك الاحتياجات، ومن ثَمَّ الوصول إلى الهدف الذي نرجوه من الكتابة.

يقترح الكاتب روي بيتر كلارك في كتابه *أدوات الكتابة* أن يجمع الكاتب أدوات مثلما يجمع النجار أدوات النجارة في صندوق الأدوات (Clark, Writing Tools, 50 Essential strategy for Every Writer, 2006, p. 240)، بحيث تتكون في هذا الصندوق الأدوات التي يستخدمها الكاتب في حرفته والتي تشكل المهارات اللازم للكتابة. في هذه الفقرة ستتعرَّف هذه الأدوات لتضمها إلى صندوقك، بحيث تستخدمها كلما احتجت إليها في أداء حرفتك ككاتب.

للعمل في المهارة الثالثة (وهي عادة الصياغة) نتناول صياغة المستند من حيث الشكل ومن حيث المضمون، لأن عليك الاهتمام بالشكل والموضوع معًا، إذ إنهما وجهان لعملة واحدة. قد يُشكِّك البعض في أهمية الاهتمام بالشكل باعتبار أن ذلك من قبيل التفكير السطحي. ولكنَّ الاهتمام بالشكل لا يقتصر على الكتابة فقط، بل يدخل في نواحي لا تُحصى من نواحي الحياة. فعلى سبيل المثال فإننا نشكل رأينا في الأشخاص الذين نلتقيهم أول مرة خلال الثواني العشر الأولى من لقائنا معهم؛ بحيث يصعب تغيير هذا الرأي بعد ذلك إلا في حالات نادرة، رغم أن هذا الرأي قد استند إلى مصادر يغلب عليها الشكل حيث لا يمكن أن يكون الوقت قد اتسع لكي نصل إلى المضمون في خلال هذه المدة الوجيزة من اللقاء. لذلك فإن القول بتجاهل الشكل يخالف الواقع والمنطق السليم للأمور، لأن الشكل يؤثر في أحكامنا شئنا أم أبينا.

بالاستعانة بالمخطط الذي صنعتَه في نهاية مرحلة البحث القانوني ستكون قد حصلت على ما يشبه الخريطة التي يصنعها المهندس المعماري، ثم يسلمها المقاول أو المهندس المدني لكي يُنفِّذها. قد يكون هذا المخطط في شكل خريطة ذهنية أو في شكل عناوين أصلية وعناوين فرعية، أو بأي شكل يجعل هيكل المستند واضحًا لديك.

في الجزء الثاني من هذا الباب نتطرق إلى الحديث عن موضوع المستند من خلال شرح إستراتيجيات الصياغة القانونية الفاعلة التي تقنع المتلقي وتحقق أهداف المستند، وذلك من خلال بيان مهارات الإحكام في الصياغة.

أولًا: شكل المستند لا يقل أهمية عن مضمونه

شرحنا في الباب الأول مفهوم حفظ الطاقة وأهميته في القرارات التي نتخذها. وإذ إن الاهتمام بشكل المستند يُقصَد منه تقليل الطاقة التي سيبذلها القارئ في قراءة المستند، فسنتناول أولًا شكل المستند قبل أن نتناول موضوعه. إذا أمعنت في النظر في طريقة هذا الكتاب ستجد أنه يتبع نمطًا مُتسقًا في الكتابة وفق القاعدة التي استنها ديل كارنيجي وهي:

(1) أخبرهم بما ستخبرهم به	Tell them what you are going to tell them
(2) أخبرهم	Tell them
(3) أخبرهم بما أخبرتهم به	Tell them what you have told them

وبمعنى آخر تتكون الكتابة القانونية من التالي: (1) المقدمة (2) الموضوع (3) الخاتمة

(Clark, Writing Tools, 50 Essential strategy for Every Writer, 2006, pp. 119-123).

1. المقدمة:

تخيل أنك دعوتَ أحد أصدقائك إلى نزهة بالسيارة، وعندما استقل سيارتك وجلس بجوارك انطلقتَ بالسيارة دون أن تخبره بالمكان الذي ستذهبان إليه، ففي هذه الحالة فإن صديقك سيصاب بالارتباك لأنه لا يعرف أين ستنتهي به الرحلة. إن فقرة المقدمة بمنزلة العنوان، إذ تُطلِع القارئ على المكان الذي ستأخذه إليه في الرحلة التي سيمضيها معك. لذلك فإن المقدمة تُهيِّئ الراكب ليستعد ذهنيًّا لما ستُطلِعه عليه في الفقرات اللاحقة من المستند. ومن الضروري أن تكون المقدمة مُشوِّقة، ولكنها واقعية بحيث لا يصاب القارئ بخيبة أمل إذا وجد أن خاتمة المستند لا تتفق مع الوعد الذي قطعته له في المقدمة. لو نظرتَ في كل باب من أبواب هذا الكتاب ستجدني قد استهللته بمقدمة أطرح فيها ما سيحتويه هذا الباب. وستلاحظ أنني تطرقتُ إلى الباب السابق في شكل استعراض سريع والغرض من ذلك هو أن تترابط الأفكار في شكل سلسلة متصلة في ترتيب منطقي.

في المذكرات القانونية عليك بتضمين مقدمة تُلخِّص فيها الموضوع الذي ستطرحه في المذكرة، لأن ذلك سيساعد القارئ على استيعاب التفاصيل التي ستطرحها لاحقًا في فقرة الموضوع. بالنسبة إلى صحف الدعوى فإن تقديم ملخص للدعوى سيساعد القاضي على فهم ما ستطرحه، والغرض من الدعوى: لذلك عليك بتلخيص الدعوى بشكل مختصر، لكنْ جامع. لكنْ دعني أحذرك أن فكرة تضمين ملخص للدعوى في مذكرات التقاضي ليس أمرًا مألوفًا، وقد تجد استنكارًا من بعض الزملاء بسبب التقاليد المترسخة المرتبطة بصياغة المذكرات القانونية.

2. **الموضوع:**

في فقرة المقدمة قطعتَ وعدًا للقارئ، وعليك الآن أن تفي بهذا الوعد في فقرة الموضوع. قد تتكون فقرة الموضوع من عدة أجزاء بحسب طبيعة المستند، ولكنَّ محتواها هو تقديم الفكرة التي مهَّدتَ لها في المقدمة. يجب أن تكون الفقرات متسلسلة بمنطقية بحيث تكون فقرة (أ) قبل فقرة (ب) ثم تتبع ذلك فقرة (ج) وهكذا. من الشائع أن يعتمد الترتيب في الكتابة على التسلسل الزمني، إذ تكون الوقائع الأقدم أولًا، ثم تتوالى حتى تصل إلى أحدثها زمنًا (Rylance، 2012، صفحة 6). وقد يعتمد الترتيب على الأهمية إذ تبدأ بالمواضيع الأكثر أهمية ثم تُقدِّم ما يليها في الأهمية وهكذا. وذلك كله يعتمد على طبيعة المستند ونوعه، بل قد يكون المستند نفسه يحمل طريقتين للتسلسل. فمثلًا في صحيفة الرد على الدعوى قد تجدها تحوي ملخصًا للوقائع مرتبةً حسب الأسبقية الزمنية، ثم تتبعها الدفوع القانونية مرتبةً حسب أهمية الدفوع بحيث تكون الدفوع الأقوى في البداية. لكنْ في حالة عدم وجود سبب واضح للترتيب حسب الأسبقية الزمنية، فإن من الأفضل أن يكون الترتيب حسب الأهمية بسبب أن تركيز ذهن القارئ يقل مع توغله في المستند، إذ يكون التركيز في أشده في الصفحة الأولى وفي الصفحة الأخيرة. لذلك فمن الأفضل تقديم الدفوع الأقوى في البداية.

3. **الخاتمة:**

يتفق العديد من الخبراء على الحاجة إلى فقرة تُلخِّص للقارئ ما قدمتَه له لكي تُرسِّخ الفكرة في ذهن القارئ، وذلك من خلال كتابة الخاتمة. فإذا كان المستند هو صحيفة دعوى أو أي مذكرة

فمن المفيد أن تفرد فقرة ختامية تلخص فيها الدفوع التي قدمتَها قبل أن تقدم طلباتك بصورة محددة للمحكمة.

عليه نخلص إلى أن عملية الإقناع تتطلب تقديم الكتابة في شكل يلبي احتياجات القارئ، إذ إن الشكل جزء لا يتجزأ من المضمون في عملية الكتابة بصفة عامة، والكتابة القانونية بصفة خاصة.

إن تقسيم المستند إلى مقدمة وموضوع وخاتمة يساعد القارئ على هضم المادة التي تقدمها وفق التسلسل المنطقي لعملية القراءة والفهم وفق الإجماع الذي توافَق عليه مجتمع القراء والكتاب.

إن القارئ يتوقع أن تكون عملية القراءة سهلة ولا تستهلك طاقة ذهينه دون داعٍ، لذلك عليك مراعاة هذه التوقعات بجعل القراءة سهلة على عين القارئ وعقله. فإذا اضطرَّ القارئ إلى استهلاك طاقة ذهنية زائدة، فسينقص رصيده في التركيز على فهم مستندك، وإذا تعبت عيناه في أثناء القراءة فقد يتوقف عن المواصلة. سنتناول هذا الأمر بتفصيل أكثر في الفقرات التالية التي سنُوضِّح فيها بعض الأساليب والإستراتيجيات التي تُسهّل على القارئ فهم المستند الذي تصيغه، وتساعدك على توصيل رسالتك إلى ذهن القارئ بسهولة ويسر. إن هذه الإستراتيجيات ليست حصرية، ولكنها تُشكِّل الدِّعامة الأساسية لمن يرغب في الوصول إلى الوضوح والاحترافية عند صياغة المستند.

من واجبك مساعدة عين القارئ على القراءة

القراءة عملية مرهقة للعين، وإذا تعبت العين فإنها ستتوقف عن المواصلة كما ذكرتُ سابقًا عند الحديث عن مفهوم حفظ الطاقة. لذلك فإن عليك مساعدة عين القاري على عدم إهدار الطاقة، وذلك من خلال الإستراتيجيات الآتية (Canavor, 2017, pp. 92-100):

(أ) **اختيار الخط والقياس المناسبين**: بالنسبة إلى الكتابة باللغة العربية فإن الخط (Times New Roman) أو خط (Areal) يجعلان الكتابة واضحة المخارج، وهو التأثير نفسه في الكتابة باللغة الإنجليزية. ثم إن خط (Sakkal Majalla) هو خيار جيد للكتابة باللغة العربية، وقد اخترتُه عند طباعة هذا الكتاب، لكنْ عليك بتجنب الخطوط المزخرفة غير الرسمية. وفي جميع الأحوال يجب مراعاة الاتساق في جميع نواحي المستند، بحيث لا تتنقل بين الخطوط، بل عليك باستخدام نوع واحد من الخطوط في جميع صفحات المستند. بالنسبة إلى القياس فإنني أرى أن القياس 14 أو 16 مناسبان للغة العربية. أما في اللغة الإنجليزية فإن قياس 12 أو 11 هما الشائعان في الكتابات الرسمية (المرجع السابق، صفحة 63). كذلك فإن لون الخط يجب أن يقتصر على الأسود في الكتابة والابتعاد عن الألوان لأنها من قبيل البهرجة، ولأنها تفقد قيمتها عند نسخ المستند حيث لا تظهر الألوان عادة عند النسخ.

(ب) **الترقيم**: الترقيم من المسائل المساعدة على الإيضاح (Rylance، 2012، الصفحات 209-217) التي قد يقلل بعض المحامين من أهميتها. من الأمور التي لفتت نظري في أثناء دراستي وممارستي القانون في كندا هو أن المحامين والقضاة يُرقِّمون فقرات صحف الدعاوى، والمذكرات، والأحكام القضائية بصورة واضحة. تتجلى فائدة ذلك في إمكانية الإشارة إلى الفقرة برقمها فقط دون الحاجة إلى كتابة كامل الفقرة، وبذلك تقل الحاجة إلى التَّكْرار والإطالة. وتتعاظم الفائدة في ترقيم الأحكام التي تُصدِرها المحاكم في حالات الاقتباس من هذه الأحكام، إذ يمكن الإشارة إلى مصدر القاعدة أو المسألة بصورة أكثر تحديدًا. وفي حالة تبادل المذكرات في أثناء سير الدعوى يمكن الرد على النقاط القانونية والتعقيب عليها

بالإشارة إلى رقمها. ومن المفضَّل استخدام الترقيم الرقمي المبسَّط (مثل 1و2 و3 أو 1.1 و 1.2) والاقتصار على الترقيم بالحروف الأبجدية: مثل (أ)، (ب) و (ج) في أضيق الحدود وللنقاط الفرعية و الأمثلة فقط.

(ت) **المساحات البيضاء:** الفراغات البيضاء بين الفقرات تمثل استراحة للعين، وهي تضفي شكلًا منسقًا على المستند، ولذلك من المهم أن تقسم المستند إلى فقرات بينها مساحات بيضاء (Canavor, 2017, p. 62). ومن المهم ألا تجعل العنوان الجانبي وحده في نهاية الصفحة دون أن تكون أي جمل تحته، وفي هذه الحالات عليك بنقل العنوان الجانبي إلى الصفحة التالية لينضم إلى الجمل المصاحبة له، ويُفضَّل استخدام مفتاح (Page Break) من قائمة اختيارات الحاسوب لتحقيق هذا الغرض.

(ث) **التناسق والترتيب:** إن وجود بقع على المستندات يُنفِّر عين القارئ ويظهر صورة سلبية عن الكاتب. لذلك استخدم ورقًا أبيضًا نظيفًا ومن نوعية جيدة. إذا كان مستوى حبر الطباعة منخفضًا فعليك بتبديله قبل طباعة المستند، لأنه سيجعل الكتابة باهتةً أو غير مقروءة. وكما ذكرتُ فإن عليك مراعاة استخدام النوع نفسه من الخط في جميع أجزاء المستند، وتنظيم الفقرات والصفحات بصورة منسقة واحترافية.

(ج) **العناوين الفرعية:** تعمل العناوين الفرعية كأدوات توجيه للقارئ (المرجع السابق، صفحة 93). تخيل أنك تقود سيارتك في مدينة غريبة، ولا توجد إشارات ترشدك إلى الأحياء والمناطق، أو أين يقود هذا الشارع أو ذلك، ستتوه بين شوارع المدينة. ولذلك فإن العناوين الجانبية ترشد إلى أين تتجه بكتابتك، مثلما ترشد علامات الشوارع المارة وسائقي السيارات. عليك باستخدام عناوين فرعية مختصرة ومُعبِّرة عن الموضوع الذي تحتويه الفقرة أو الفقرات التي تحتها. حتى عند صياغة العقود فقد يكون من المفيد أن تجمع الفقرات المتشابهة تحت عنوان جانبي مميَّز يشرح مضمون هذه الفقرات. إذا نظرت إلى

هذا الكتاب ستجد أن جميع أبوابه مُقسَّمة تحت عناوين فرعية تحت كل عنوان مجموعة من الأفكار المتناسقة لتُسهّل عليك التنقل بينها واستيعابها.

ثانيًا: مضمون المستند يُظهِر قيمته

بعد أن تناولنا شكل المستند سنتحدث عن موضوعه. من أهم عيوب كتابات القانونيين الحشو والتَّكْرار (دون مُسوِّغ) بسبب أن الكلمات الزائدة تبطئ سرعة القارئ وتمنعه من الوصول إلى المعنى بسرعة، فهي بذلك مثل أحمال زائدة على ظهر القارئ دون أن تضيف له أي فائدة. وتتعدد أسباب التَّكْرار: فقد يكون مردُّها الخوف من تفويت مسألة أو دافع قانوني، وقد يكون السبب هو العادات التي توارثها المحامي، أو قد يكون السبب هو إحساس المحامي بضرورة استخدام عبارات مفخَّمة ورنانة وتفادي الكلمات البسيطة. لكنْ في الغالب فإن الإطالة ترجع إلى غياب التخطيط أو إلى التخطيط الخاطئ، مقرونًا مع التركيب الخاطئ للجمل. ومن أهم فوائد عادة التخطيط أنها تتفادى عيب التَّكْرار لأنها توضح المكان المناسب للدفع القانوني، ومن ثَمَّ تقلُّ احتمالية التَّكْرار. الإستراتيجيات التالية ستساعدك على معالجة هذه المسألة وسنتناولها كالآتي:

(أ) **خير الكلام ما قل ودل**

يوجد تناسب عكسي بين عدد الكلمات ورسوخ المعنى في الذهن، فكلما زاد عدد الكلمات قل تأثيرها (Wilbers، 2014)، وهو ما يتفق ومفهوم سعي العقل نحو توفير الطاقة الذي شرحناه ضمن المهارة الأولى. لذلك عليك باستخدام جمل قصيرة يغلب عليها تركيب: فعل، ثم فاعل، ثم مفعول به. مثلًا إذا قلت "سدد المدعي الأجرة" فقد استخدمت ثلاث كلمات. لكنْ إذا قلت "الأجرة التي تم سدادها كانت بالمدعي" فقد استخدمتَ سبع كلمات واضطُرَّ القارئ إلى الانتظار حتى الكلمة السابعة لكي يعرف من الذي سدَّد الأجرة، القارئ لا يحب الانتظار، ومثل هذه الكلمات الزائدة لا تجعله يقف إلى صفك.

وإن كانت هذه الحال في الكتابة القانونية عامة، فإن لكل قاعدة استثناءً، إذ قد توجد حالات تستدعي جملًا طويلةً (وسأتناول هذا الموضوع بمزيد من التفصيل لاحقًا). لكنْ يجب أن تكون كل كلمة تجلب إضافةً للمعنى المراد إيصاله. وتُمثِّل الكلمات في بداية الجملة ونهايتها تأثيرًا أكبر من الكلمات وسط الكلمة، لذلك إذا أردتَ زيادة التأثير فعليك بوضع المعلومة الأهم في بداية الجملة أو نهايتها. وإذا أردت تقليل تأثير المعلومة (كالمعلومات السلبية أو التي تضر بقضيتك) فعليك بوضعها في وسط الجملة.

(ب) تجنب التَّكْرار

التَّكْرار يجلب الملل، وكقاعدة عامة عليك بتفادي استخدام الكلمة نفسها مرتين في الجملة نفسها، بل في الفقرة نفسها ما أمكن ذلك. لكنْ في الوقت نفسه عليك مراعاة القاعدة المستمدَّة من قواعد التفسير، وهي أن اختلاف اللفظ يشير إلى اختلاف المعنى. لذلك تتسم الكتابة القانونية في الكثير من الحالات بدرجة أكبر من التَّكْرار مقارنةً بغيرها من أنواع الكتابة بسبب أن الحاجة إلى الوضوح تغلب على الحاجة إلى التنويع. فإذا وُجِدَ شك في أن استخدام كلمة مرادفة قد يخل بالمعنى المراد، فلا بأس من التَّكْرار، لكنْ دون مبالغة.

(ت) استخدم المبني للمعلوم بدلًا من المبني للمجهول

الفعل المبني للمجهول يُخفي الفاعل، ومن ثَمَّ تُضطَرُّ إلى زيادة عدد الكلمات في الجملة، ثم إن حيوية الجملة تقل لاختفاء الفاعل الذي يبعث الحركة في الجمل (Canavor, 2017, p. 83). لذلك عليك بتغليب الفعل المبني للمعلوم واستخدام أفعال قوية تنقل المعنى المراد. لكنْ في بعض الأحيان قد يكون من المرغوب فيه استخدام الفعل المبني للمجهول، مثلًا في حالة الرغبة في حفظ ماء وجه الطرف الآخر كما في المثال التالي: "عُثِرَ على بعض الأخطاء في التقرير السابق" بدلًا من عبارة: "لقد ارتكبتَ أخطاءً في التقرير السابق يا سامي".

(ث) الاستخدام الصحيح لعلامات الترقيم

قد يبدو هذا القول من البديهيات، ولكنَّ الاستخدام الخاطئ لعلامات الترقيم يضر بالكتابة. وفي الوقت نفسه فإن الاستخدام الصحيح يُعزِّز المعنى ويزيد وضوح مقاصدك. إليك استعراضًا لأهم علامات الترقيم:

- **استخدم علامتي التنصيص:** وتكتب هكذا ("......") وتستخدم علامتي التنصيص لبيان أن العبارات التالية اقتُبِسَتْ ونُقِلَتْ بصورة حرفية كما وردت عن قائلها. مثال قال الرسول صلى عليه وسلم: "كلكم راعٍ وكلكم مسؤول عن رعيته".
- **استخدم النقطتين الرأسيتين** (:) تُستخدَم النقطتان الرأسيتان للدلالة على أن العبارات الآتية هي سلسلة من الأشياء. وتستخدمان أيضًا للدلالة على أن العبارات التي تلي

النقطتين تحمل شرحًا أو تلخيصًا للعبارات التي تسبقها، فهما تعملان كإعلان ينبهنا لما سيأتي.

- **استخدم الفاصلة المنقوطة (؛):** تُستخدَم الفاصلة المنقوطة لتفصل بين جمل يستريح عندها القارئ بوقفة متوسطة، لكنها أقوى من الفاصلة العادية (سلسة الإدارة التعليمية، 2019، صفحة 284). وتستخدم الفاصلة المنقوطة في أربعة مواضع هي كالتالي:

(أ) بين جملتين بحيث تشرح الجملة الأولى ما تعنيه الجملة الثانية.
(ب) بين جملتين تكون الجملة الأولى قد تسببت في وجود الجملة الثانية.
(ت) بين جملتين تكون الجملة الثانية هي نتيجة منطقية للجملة الأولى.
(ث) ترد الفاصلة المنقوطة بعد "إجمال" الأشياء التي سبق ذكرها بحيث يكون الإجمال بمعنى اشتمال جميع أنواعها أو عناصرها مثل: لقد قابلت جميع أفراد الأسرة؛ صغيرهم وكبيرهم.

- **استخدم النقطة (.):** للدلالة على نهاية الجملة. أما إذا كانت الجملة غير مكتملة المعنى، فإن الأصوب هو أن تنتهي بعلامة الفاصلة المنقوطة.
- **استخدم الفاصلة (،):** للفصل بين فقرات الجملة الواحدة والفاصلة تمثل استراحة قصيرة بين فقرات الجملة يقف فيها القارئ وقفة خفيفة أقل من وقفته عند الفاصلة المنقوطة. يُوصي دليل التحرير العربي لأرامكو السعودية بعدم محاكاة الطريقة الواردة في اللغة الإنجليزية عند استخدام الفاصلة كأداة عطف. فلا تكتب: حضر حسن، جمال، وسعد، بل اكتب: حضر حسن وجمال وسعد (أرامكو السعودية ، 2019، صفحة 24).
- **استخدم علامة الاستفهام (؟):** عند طرح سؤال حقيقي وليس مجرد تعليق.
- **استخدم علامة التعجب (!):** عليك استخدامها عند الضرورة القصوى وعدم الإكثار منها، وفي حالة مزجها هي وعلامة الاستفهام فإن علامة الاستفهام يجب أن تسبق علامة التعجب، وفي كل الأحوال فإنها يجب أن تشير إلى تعجب شخص آخر غير الكاتب.

- **استخدم ثلاث نقاط (...)**: لتدل على وجود كلمات محذوفة، وقد شاع بين الكتاب استخدام لفظ "إلخ" لتدل على "إلى آخره" بعد النقاط الثلاثة ولا أرى بأسًا في ذلك من باب التوضيح، ولكنَّ ذلك لا يجوز إذا كانت الكلمات الناقصة في بداية الجملة، ويجب ألا تزيد على ثلاث نقاط.
- **استخدم القوسين ( )**: للفصل بين فقرات داخل الجمل الواحدة أو لتقديم معلومة عرضية أو تفسير شيء يسبقها، بحيث يكون الغرض هو تصغير تأثير الكلمات داخل القوسين.
- أما إذا أردت زيادة تأثير الكلمات العرضية فإن الأصوب هو وضع الكلمات بين –مثل هذه الكلمات- للوصول إلى الغرض.

(ج) الاستخدام الصحيح لأدوات الربط

يحتاج القانوني إلى فهم كيف يستخدم أدوات الربط وكيف يفسرها، لأنها تعمل على إيصال مفهوم الموافقة، أو المخالفة، أو التعليل، أو الأسبقية في الترتيب وتعظم أهمية هذا الأمر عند صياغة العقود والتشريعات.

فمثلًا "**أو**" تفيد التخيير أو الإباحة، فمثلًا: "يوقع البائع **أو** وكيله على العقد". ففي هذه الحالة فإن توقيع أي منهما يصح.

"**و**" تفيد الجمع والمشاركة، فمثلًا: "يوقع البائع **و**وكيله على العقد". ففي هذه الحالة يتغير المعنى بحيث على الاثنين التوقيع على العقد ليصبح نافذًا.

"أم" تفيد التساوي، فمثلًا نقول: "سواء كانت السيارة حمراء **أم** خضراء، لن أشتريها".

"الفاء" تفيد الترتيب دون فارق زمني كبير، فمثلًا نقول: "وصل المتهم فمحاميه إلى قاعة المحكمة".

"ثم" تفيد الترتيب، لكن مع بعض التراخي الزمني، فمثلًا نقول: "وصل المتهم ثم محاميه إلى قاعة المحكمة". ففي هذه الحالة نشير إلى أن المحامي وصل بعد مدة ما من وصول المتهم.

روابط الاستثناء: تعتبر روابط الاستثناء من أهم الروابط التي على القانوني إتقانها، لأنها تفيد استبعاد الحكم الوراد عن المستثنى، وهي تشمل: **ما عدا**، **خلا**، **حاشا**، **غير**، **إلا**، فمثلًا

نقول: لا يشترط أن يكون العقد مكتوبًا، **إلا** إذا كان المبيع عقارًا (أرامكو السعودية ، 2019، الصفحات 46-47).

مراعاة قواعد النحو والصرف

ليس المقصود من هذا الباب تَكْرار ما تعلمته في صفوف المدرسة الابتدائية، ولكنَّ الاحترام جزء من عملية الإقناع، ولا يمكن للمحامي أن ينال احترام القارئ إذا كانت كتابته تعجُّ بالأخطاء الإملائية أو النحوية، لأنها تُضعِف مصداقية المحامي وتُشتِّت تركيز القارئ وتشكِّكه في محتوى الكتابة، إذ قد يقول القارئ لنفسه: إذا كان الكاتب قد أخطأ في كتابة كلماته فما أدراني أنه لم يخطئ في شيء آخر؟ بالإضافة إلى ذلك فإن الأخطاء الإملائية تقطع على القارئ انغماسه في القراءة مثلما يقطع بكاء طفل في قاعة السينما اندماج الجمهور وأحداث الفيلم الذي كانوا يشاهدونه.

يقول البعض إن قواعد الصرف والنحو تُعبِّر عن الإجماع الذي توصَّل إليه خبراء اللغة مقرونًا بقبول مستخدمي اللغة لهذا الإجماع، ولذلك فإن الخروج عن هذا الإجماع (دون وجود سبب منطقي) يُعرِّض الكتابة للخطر ويضع سمعة الكاتب القانوني على المحك.

لن يتسع المجال هنا لتغطية جميع قواعد النحو والصرف، وإنما سأركز على أكثر الأخطاء انتشارًا في كتابات القانونيين لكي تكون كمرجع تبدأ منه، ولا بأس من أن تضيف إلى هذه القائمة الأخطاء المتكررة التي تلاحظها في كتاباتك أو الكتابات التي تقع تحت يدك، بحيث تنمي لديك حس المراجعة والتدقيق، لأنها ستساعدك في هذه المهارة التي سنتطرق فيها إلى هذه المهارة بتفصيل أكثر في الباب التالي.

إن الاستخدام الصحيح لقواعد النحو والصرف يخلق تقاربًا بين ذهن الكاتب والمتلقي، لأنهما يستخدمان قواعدَ متفقًا عليها سلفًا، إذ يحس المتلقي بنوع من الثقة بالكتابة التي يقرأها لأنها تتوافق هي وتوقعاته بالنسبة إلى القواعد التي يعرفها، فيصبح أكثر قابليةً وانفتاحًا على تقبل

المحتوى. فكأن المتلقي يقول لنفسه: "إنني أعرف هذا الكاتب لأنه يستخدم القواعد نفسها التي أستخدمها، ولأنه يحترم قواعد النحو التي أعرفها، وعليَّ أن أستمع لما يقول".

الأخطاء الشائعة

سأتناول هنا الأخطاء الأكثر شيوعًا في الكتابة، مع مراجعة سريعة للقواعد النحوية التي تحكمها كما تناولها عدد من النحويين واللغويين أمثال سامي صقر في كتابه (تعلم قواعد النحو والإعراب) وكما جاء في كتابات سعيد العمودي (التي دققها أحمد بني عمر) ويارا تعامرة وغيرهم من علماء اللغة العربية.

(1) أحكام الفعل الصحيح والفعل المعتل

يُمكن تقسيم الفعل إلى صحيح ومعتل وَفْقًا للآتي (العمودي، 2021):

(أ) الفعل الصحيح

حروف العلة هي الواو والياء والألف. والفعل الصحيح لا توجد ضمن حروفه الأصلية أي من حروف العلة المشار إليها. ومثال ذلك كلمه جلس وكتب. ويُقسَّم الفعل الصحيح إلى ثلاثة أقسام فرعية هي:

- الفعل الصحيح السالم: وهو ما سلم من الهمزة والتضعيف مثل: ضرب- كسر - فتح.
- الفعل الصحيح المهموز: وهو الفعل الذي يحتوي على همزة مثل: أمر - سأل – قرأ.
- الفعل الصحيح المضعَّف: وهو الفعل الذي يحتوي على شدة مثل: كبَّر، ذلَّل.

(ب) الفعل المعتل

هو الفعل الذي فيه حرف علة، وهو يُقسَّم بدوره إلى ثلاثة أنواع (المرجع السابق):

- الفعل المعتل المثال: وهو الفعل الذي أوله حرف علة مثل: ورث، يَسَرَ.
- الفعل المعتل الأجوف: وهو الفعل الذي أوسطه حرف علة مثل: شاع، قال.
- الفعل المعتل الناقص: وهو الفعل الذي آخره حرف علة مثل: صلى، نما.

- **أحكام الفعل المعتل**

  - إذا جاء الفعل المعتل الأجوف في حالة الجزم أو الأمر فيجب حذف حرف العلة. مثال: نام (فعل ماضي) تتحول إلى نم (فعل أمر) وتتحول إلى لم ينم (في الجزم).
  - إذا جاء الفعل المعتل الناقص في حالة الجزم أو الأمر فإننا نحذف حرف العلة. مثال: صلى تنقلب إلى صلِّ (فعل أمر) وتتحول إلى لم يُصَلِّ (في الجزم).

تمثل أحكام الفعل المعتل تحديًا للعديد من الكتاب، ومن المهم معرفة الأحكام المتعلقة بها. وقد بيَّنت التجارب صعوبة إدراك الفروق الدقيقة بين هذه الأحكام المختلفة لذلك على القانوني الإمعان فيها والاستعانة بكتب النحو والصرف عند الحاجة.

(2) أحكام الجملة الفعلية

من المهم معرفة أحكام الجملة الفعلية، وتتكون الجملة الفعلية من فعل وفاعل وقد يلحق بهما مفعول به إذا كان الفعل متعديًا ولم يكتمل المعنى. مثل يكتُب الطالبُ الدرسَ.

وفي الجملة الفعلية يبقى الفعل مفردًا، حتى لو تغير الفاعل إلى مثنى أو جمع. فنقول كتبَ الطالبُ الدرسَ. وكتبَ الطالبان الدرسَ وكتبَ الطلابُ الدرسَ. لكنْ في حالة الجملة الاسمية فيجب أن يُطابق الفعل الفاعل من حيث العدد. فنقول الطالبان كتبا الدرسَ. والطلاب كتبوا الدرسَ.

الترتيب في الجملة الفعلية

الأصل في الترتيب أن يسبق الفعل الفاعل في الجملة الفعلية، فنبدأ بالفعل ثم الفاعل ثم المفعول به. لكنْ توجد ثلاث حالات يجب فيها تقديم المفعول به على الفاعل وهي كالتالي (تعامرة، 2018):

أ- إذا كان المفعول به ضميرًا من ضمائر النصب مثلًا: (إياك نعبد) فلا نقول نعبد إياك.
ب- إذا كان المفعول به اسم استفهام مثلًا: أي الكتب قرأت؟
ت- إذا كان المفعول به اسم شرط مثلًا: أيًّا ما تدعو فله الأسماء الحسنى.

(3) الأسماء الخمسة

الأسماء الخمسة هي أخ، أب، حم، ذو، فو.

إعراب الأسماء الخمسة: خلافًا لباقي الأسماء، فإن الأسماء الخمسة تُعرَب بحروف ولا تعرب بحركات الإعراب مثل الفتحة والضمة والكسرة. فهي تُرفَع بالواو وتُنصَب بالألف وتُجَرُّ بالياء. فنقول جاء أبوك إلى بيت أخيك ورأيت حماك معه. (لكنْ يشترط أن تكون متصلة بضمير غير ياء المتكلم) (صقر، 2018).

أما إذا كانت الأسماء الخمسة متصلة بياء المتكلم فتعرب بالحركات المقدَّرة على آخرها. فنقول: جاء أخي (أخ فاعل مرفوع بالضمة المقدرة على ما قبل آخره، وهو مضاف، والياء مضاف إليه في محل جر) (المرجع السابق نفسه).

(4) الأسماء الممنوعة من الصرف

الاسم الممنوع من الصرف لا يقبل حركات التنوين كلها، كما لا يقبل حركة الكسر (عوض الله، 2020). وعليه فإن الاسم الممنوع من الصرف يقبل فقط حركتي الضمة والفتحة. فنقول مررت بإسماعيلَ (مع أن إسماعيل سبقه حرف جر)، وأيضًا نقول جاء إسماعيلُ لأن إسماعيلَ هنا فاعل مرفوع بالضمة.

والاسم الممنوع من الصرف يتكوَّن من الأصناف الخمسة الآتية

(أ) اسم العلم الذي ينتهي بألف التأنيث المقصورة (مثل سعدى/ فدوى/ ليلى). وكذلك اسم العلم الذي ينتهي بألف التأنيث التي تتبعها الهمزة (مثل بيداء/ سماء/ فيحاء).

(ب) صيغة منتهى الجموع إذا جاء بعد ألف التكسير حرفان أو ثلاثة. مثال ملاعب ومضارب ومحاريب.

(ت) اسم العلم الذي ينتهي بتاء التأنيث حتى إن كان الاسم يدل على مذكر (مثل عِكرمة وحنظلة) أو كان اسم العلم يدل على مؤنث (مثل فاطمة وعائشة).

(ث) اسم العلم الأعجمي الذي يزيد على ثلاثة أحرف، مثل تركيا والِيزابيث.

(ج) الأسماء المُركَّبة تركيبًا مزجيًا، مثل بورسعيد /حضرموت/خميس مشيط.

(5) أحكام العدد

للأعداد أربعة أحكام (الحياري، 2020)، هي كالآتي:

(أ) **العددان واحد و اثنان:** يتفقان مع جنس المعدود فنقول رجلٌ واحدٌ وامرأتان اثنتان.

(ب) **العدد من ثلاثة إلى تسعة**: يكون على عكس جنس المعدود: فنقول ثلاث بقرات وثلاثة رجال.

(ت) **العدد عشرة منفردًا:** يكون على عكس المعدود: فنقول عشَرة رجال (الشين علامتها الفتحة) وعشْر بقرات (الشين علامتها السكون).

(ث) **العدد عشرة إذا كان مُركَّبًا مع عدد آخر**: يوافق جنس المعدود. فنقول أحد عشر رجلًا وثماني عشرة بقرة.

(ج) **الأعداد من عشرين حتى تسعين:** تلزم صورةً واحدةً مع المعدود لا تتغير مع جنسه. فنقول حضر ثلاثون رجلًا وثلاثون امرأةً.

(ح) **الأعداد مئة ومضاعفاتها:** تلزم صورة واحدة، ولكنها تكسر تمييزها، فيكون مفردًا مجرورًا بالإضافة. فنقول رأيت مئة رجلٍ ومئة امرأةٍ.

(6) أحكام الهمزة

(أ) همزة الوصل وهمزة القطع

الأفعال: حوِّل الفعل إلى فعل مضارع يبدأ بالياء:

- فإذا كانت الياء مفتوحة فإن ذلك يدل على همزة وصل. مثال: استراح حولها إلى مضارع: يَستريح، فهي همزة وصل (ما عدا الفعل الثلاثي الذي يبدأ بالهمزة مثل أفل (النجم).
- أما إذا جاءت الياء مضمومة فذلك يدل على همزة قطع، مثال: أقبل – يُقبل = أقبل.

الأسماء: كلها تحمل همزة القطع، مثال: أيمن، إبراهيم، أكرم (باستثناء الأسماء العشرة ابن/ امرأة/ اثنان... إلخ).

الحروف: كلها تحمل همزة قطع، مثال: إن/أن/إلا (ما عدا "ال" التعريفية)

(ب) الهمزة في وسط الكلمة

ترتب الحروف من حيث القوة كالآتي:

1. الكسرة أقواها.
2. ثم الضمة.
3. ثم الفتحة.
4. ثم السكون.

فإذا جاءت الهمزة وسط الكلمة فإنها تأخذ حكم الحركة الأقوى، فننظر إلى حركتها وحركة ما قبلها، فمثلًا كلمة مسؤول: فالهمزة جاءت مضمومة وما قبلها ساكن، والضم أقوى من السكون فتكون الهمزة على الواو. كلمة فِئَة: الهمزة مفتوحة، ولكنَّ ما قبلها مكسور والكسرة أقوى من الفتحة فتكون الهمزة على الياء.

(ت) الهمزة المتطرفة

وتُطبَّق على هذه الهمزة التي تأتي في نهاية الكلمة نفس حكم الهمزة في وسط الكلمة، فننظر إلى الهمزة وما قبلها ونعطيها حكم الحركة الأقوى. فمثلًا كلمة **فضاء** فهي همزة متطرفة وما قبلها ألف ممدودة فتكتب الهمزة على السطر. أما كلمة **ناشِئ**: فهي همزة متطرفة ما قبلها مكسور لذلك تكتب الهمزة على الياء.

من الأخطاء الشائعة الأخرى الأخطاء في الكتابة القانونية الأخطاء في فهم وتطبيق أحكام إعراب المثني وأحكام إن وأخواتها وكان وأخواتها. أو الخلط بين كلمة دعوة (مثل الدعوة إلى حضور حفل زفاف) والدعوى (ويقصد بها المطالبة القانونية أمام القضاء)، أو الخلط بين كلمة شَرَى (بمعني باع) وكلمة اشترى (وهي عكس باع).

كتابة الأرقام: استخدم الأرقام التي نسميها إنجليزية (ومصدرها عربي) مثلًا 1,2,3.

كتابة التاريخ: في الكتابة باللغة الإنجليزية قد يُكتَب رقم الشهر قبل تاريخ اليوم، وهذا ما قد يخلق لبسًا (مثلًا تاريخ الخامس من شهر أغسطس قد يكتب: 2023/8/5)، ولذلك فإن من المفضل كتابة التاريخ بهذا الشكل: 15 مارس 2023 (اليوم بالأرقام/ اسم الشهر الميلادي/ السنة بالأرقام).

كلمة رئيس وأساس: كلمة "رئيس" هي صفة، ومن ثَمَّ فلا تحتاج إلى إضافة ياء النسب لكي تتحول إلى صفة، فلا تكتب رئيسي. وكذلك كلمة "أساس" فلا تكتب أساسي (أرامكو السعودية ، 2019، صفحة 30).

كلمة مديرون / مدراء: الفعل هو "يدير" واسم الفاعل "مدير" بإضافة ميم زائدة، وكل اسم فاعل أو مفعول في أوله ميم زائدة حكمه الجمع جمع مذكر سالم أو جمع مؤنث سالم بحسب الحال، وعليه يكون الصحيح هو جمع مدير هو مديرون وليس مدراء (أرامكو السعودية ، 2019، صفحة 31).

الفرق بين الهاء والتاء المربوطة: للتمييز بينهما أضف التنوين إلى آخر الكلمة، فإذا ظهرتِ التاء عندما تنطق الكلمة فهذه الكلمة تنتهي بتاء مربطة، مثال ضربةً. أما إذا لم تظهر التاء عند إضافة التنوين فهي هاء مثل شبيه (فهنا لا تظهر التاء عند التنوين فتنطق: *شبيهٌ وشبيهًا* دون التلفظ بحرف التاء).

التصوير اللفظي

التصوير اللفظي يعني أن تجعل الألفاظ توضح المعنى المراد في شكل صور يتخيلها العقل بدلًا من معانٍ مجردة لا تحمل حركة أو صورًا (Spence، 1995). إن العقل البشري يُفضِّل الصور على

التجريد، ولذلك يرى العديد من العلماء أن مادة الرياضيات تبدو صعبة الفهم بسبب دورانها حول مفاهيم رياضية مجرَّدة لا حياة فيها. ومن وسائل التصوير اللفظي ضرب الأمثال أو التشبيه بحيث تنقل إلى القارئ أن المسألة س (وهي معنى مجرد) تشبه المسألة ص (وهي صورة يعرفها القارئ). لقد استخدم القرآن الكريم التصوير اللفظي وضرب الأمثال لكي يوضح للعرب صورًا غير حسية مثل الإيمان واليوم الآخر.

ويحثُّ براين جارنر في كتابه (Legal Writing in Plain English) على استخدام أسماء الأشخاص في الكتابات القانونية بدلًا من المدعي/ المدعى عليه وذلك لسببين (Garner، 2013):

الأول: بسبب التشابه اللفظي بين عبارة المدعي والمدعى عليه وهو ما قد يؤدي إلى الإرباك.
والثاني: هو أن ذلك يُحوِّل المدعي من إنسان إلى ما يشبه الجماد، ومن ثَمَّ يفقده الجانب الإنساني الذي يستدعي تعاطف القاضي.

وفي حالة الضرورة يمكن استخدام عبارة مُميَّزة للإشارة إلى أحد الأطراف مثل "الشركة" أو "النقابة" أو "الهيئة" أو ما شابه ذلك. وأنا أتفق وهذا الرأي، خاصة في صياغة العقود، حيث عليك تجنب استخدام عبارات مثل "الطرف الأول" و"الطرف الثاني" واستبدل بذلك اسمًا مميزًا لكل طرف من أطراف العقد. أما صحف الدعاوى ومذكرات المحاكم فإن التوقعات باستخدام عبارات مثل "المستأنف" و"المستأنف ضده" قد تجعل المسألة أكثر صعوبة، ولكنَّ ذلك لا يعني إنقاصًا في القيمة التي تضيفها استبدال عبارة مثل "المستشفى" بعبارة المستأنِف إذا كان هنالك مستشفى واحد كخَصْم في الدعوى.

من المهم مراعاة الوقع الصوتي للكلمات، أو ما يعرف بموسيقى الكلمات، وهو الصوت الذي تُصدِره الكلمات ووقعها على الأذن، بحيث تختار الكلمات التي لها وقع موسيقي مناسب. ويكون ذلك عادة بقراءة المستند بصوتك لكي تسمع وقع الكلمات على أذنك، وسيرشدك ذلك إلى النغم الذي تُصدِره هذه الكلمات لكي تُعدِّلها. إن القراءة بصوت عالٍ هي أكثر وسيلة فعَّالة لإتقان هذه المهارة.

التنوع في طول الجملة مسألة أساسية، بحيث لا تكون الجمل كلها طويلة أو كلها قصيرة، وإنما تتنوع بين الطول والقصر، لأن ذلك التنوع يُضفِي جمالًا على الكتابة ويكسر رتابتها.

قد يكون من المناسب في بعض الحالات ضرب أمثال أو التعليق على أحداث معاصرة تعج بها الأخبار، لأن ذلك يُضفي على الكتابة نكهةَ المعاصرة ويزيد التشويق، لأن القارئ يرى الرابط بين الأحداث المعاصرة وبين الكتابة. وهذا الأسلوب منتشر بين نجوم الكوميديا، إذ يتناولون في نكاتهم أحداثًا سياسيةً أو اجتماعيةً معاصرة ويضعونها داخل نكاتهم في شكل تعليق على الشخصيات السياسية أو غيرها من الشخصيات المعروفة. لكنْ يجب الحذر في استخدام مثل هذا الأسلوب في صحف الدعاوى المقدَّمة إلى المحاكم، حتى لا تبدو كنوعٍ من النكات الرخيصة.

الجانب الآخر للقصة (أو دفوع الخَصْم)

لقد ذكرتُ سابقًا أن الكتابة القانونية بطبيعتها هي كتابة تنافسية، بمعنى وجود طرف آخر للقصة سيسعى إلى تقديم صورة تعاكس قصتك وحججك أو تناهضها أو تدحضها. ويدور جدل بين المهتمين بصياغة المذكرات القانونية حول جدوى استباق الخَصْم في تناول الدفوع التي لم يتقدم بها بغرض تفنيدها مقدمًا. فيوجد رأي مخالف يقول بالانتظار حتى يتقدم الخَصْم بمثل هذه الدفوع ثم الرد عليها بعد ذلك. ولكل جانب حُجته التي تستند إلى أسباب منطقية وسائغة. فمن يرى أن على المحامي عدم التسرع في إثارة دفوع لم يتقدم بها خَصْمه (لأن ذلك الخَصْم قد يغفل عنها) فلا تثريب عليه لأن لهذا الرأي وجاهته، إذ ليس من الحكمة فتح أبواب قد كفاك الله عناء مواجهتها. وهذا الرأي يستند إلى أن لكل مقام مقالًا، ولذلك على المحامي ألا يُنبِّه خَصْمه إلى دفوع قد تكون فاتته أو لم يدركها.

ولكنَّ الرأي المخالف يقول بأن المحك ليس هو ذهن محامي الخَصْم، وإنما هو ذهن القاضي، فإذا كان الدفع يتعلق بمسألة ستعلق بذهن القاضي وسيتساءل عنها، فمن مصلحة المحامي التصدي لها وتفنيدها حتى إن لم يتطرق لها الخَصْم، لأنها ستظل دون إجابة في ذهن القاضي. وعندما لا يجد القاضي الإجابة في المستند المقدم إليه فقد يتبرع ذهنه بتقديم إجابة قد لا تكون في مصلحة

المحامي، ولذلك على المحامي عدم المخاطرة بترك مثل هذه الدفوع دون معالجة. يرى بريان جارنر أن على المحامي التصدي للدفوع المقابلة، ولكنه يقترح التعامل معها في منتصف الفقرة بحيث لا تكون في البداية أو في النهاية، مع تقديم هذه الدفوع بصورة مختصرة لعدم تضخيم أثرها. إن هذا الطرح يستند إلى طريقة تقديم الحجة وعرضها، وإلى التأثير النفسي لموضع الكلمات في الجملة في القارئ، إذ إن الثابت أن الكلمات التي تأتي في نهاية الجملة لها تأثير أكبر من الكلمات التي تكون في وسط الجملة. وعليه فإن وضع حجج الخَصْم في المنتصف يوحي بعدم أهميتها أو قلة قيمتها أو تأثيرها، بحيث لا تعلق بصورة متعاظمة في ذهن القارئ.

ومع أنَّني أميل إلى رأي جارنر، فإن ذلك لا يعني أن ذلك ينطبق على جميع الحالات دون استثناء، وإنما يعني إعمال النظرة الفاحصة والحكم بناءً على معطيات كل حالة على حدة. إن الاعتماد على الحدس ليس من قبيل اتباع الهوى، وإنما يعني الإنصات للصوت الداخلي الذي يدلك على الحكم الصحيح، حتى إن لم تظهر لك أسباب واضحة سوى إحساسك الداخلي، لذلك عليك بتعلم الاستماع لحدسك ولصوتك الداخلي لإرشادك إلى الطريق الصحيح والإجابة عن الأسئلة التي لا ترى لها إجابة من مصدر ظاهر.

وبغرض تصميم الدفوع والحجج وصياغتها يقدم جارنر الشكل الآتي الذي يُمثِّل خريطة الطريق للمحامي (Garner، 2013، صفحة 104):

أساس قانوني (تسبيب من القانون)

أساس من الوقائع (تسبيب من الوقائع)

خلاصة واستنتاج

اعتراض محتمل 1

رد على الاعتراض 1

اعتراض محتمل 2

رد على الاعتراض 2

تدعيم إضافي للمسألة

خاتمة

إن طريقة جارنر في تصميم الدفوع قد تبدو مُعقَّدة من أول وهلة وصعبة التطبيق في الصياغة باللغة العربية، لكنْ من المفيد التركيز على معرفة المفهوم أو النظرية مع المرونة في كيفية التطبيق على الواقع في أثناء عملية تركيب الدفوع القانونية.

أما في حالة الكتابات القانونية الأخرى خلاف مذكرات الدعوى والطعون أمام المحاكم، فإن تناول الوجه الآخر للمسألة أو الرأي المخالف هو أمر جوهري. إن عدم تطرقك للرأي المخالف في مثل هذه الحالات يبدو كأنك تقول للقارئ: إن رأيي هو الحق الذي لا يأتيه الباطل من بين يديه وعليك أن تقبل به، وبذلك تُرشِّح إشارات تدل إما على الغرور وإما الكسل وإما عدم الكفاءة، وكلها إشارات لا تصب في مصلحتك.

اختيار الكلمات

إن اختيار الكلمات المناسبة لتُعبِّر عن الفكرة التي تريد نقلها يعتمد على حصيلة الكلمات التي تملكها والتي يمكنك استدعاؤها من الذاكرة. إن زيادة الحصيلة اللغوية يعتمد على حصيلة القراءة، فكلما ازدادت جودة الكتب التي تقرأها وتنوعت ازدادت الحصيلة اللغوية التي يمكنك الاختيار منها، ولذلك فإن القراءة الجيدة هي المفتاح للكتابة الجيدة. لقد كانت أول آية نزلت على نبينا محمد (صلى الله عليه وسلم) هي آية: اقرأ. لذلك فلا بديل عن القراءة لتحسين مهارات الكتابة.

ولكنَّ اختيار الكلمات وحده لا يكفي، بل إن ترتيب الكمات وتنسيقها في الجملة هو الفيصل في تركيب الجمل، إذ إن اختيار موقع الكلمة في الجملة لا يقل أهمية عن اختيار الكلمة نفسها. يكون التأثير أعظمه في بداية الجملة وفي نهايتها لذلك عليك مراعاة الموضع الذي تريد أن تضع فيه التأثير الأعظم.

وقد يكون من المناسب أن توضح المعنى المراد من خلال نفي المعنى غير المراد، وهو من أبلغ صور التعبير، فحينما تريد توضيح معنى حالة البضاعة فقد يكون من المناسب أن توضِّح أنها لا تشكل المعنى الفلاني مثلًا، فمن خلال نفي هذه المعاني يتضح المعنى المراد، مثلما تُشذِّب قطعة الخشب من القشور بحيث لا يبقى سوى الخشب الصافي. إليك المثال الآتي من حديث الرسول الكريم (صلى الله عليه وسلم): "ليس الشديد بالصُّرَعة، إنما الشديد الذي يملك نفسه عند الغضب". [متفق عليه].

عليك توخي الاختيار السليم للكلمات، وبخاصة في حالة صياغة العقود بسبب عِظم أثرها. فمثلًا إذا كنت تقصد إلزام الطرف الثاني بالعمل لمصلحة موكلك، فعليك استخدام عبارات قاطعة المعني، اكتب: "**على** المستأجر سداد الأجرة في يوم كذا" ولا تكتب: "**ينبغي** للمستأجر سداد الأجرة في يوم كذا"، وطبعًا فإن استخدام "يجوز" هنا يُعَدُّ جريمة جنائية، لأنها تجعل حصول موكلك

على الأجرة في يد الطرف الثاني. كذلك عليك الانتباه للكلمات المتشابهة في الأحرف والمختلفة في المعنى مثل أن كلمة "شرى" هي عكس كلمة" اشترى" في المعنى.

اختيار الجمل وتركيبها

إن ترتيب الكلمات يُشكِّل الجمل، بحيث تكون الجملة هي اللبنة الأولى في تكوين المستند. لا يوجد تعريف جامع لعبارة "جملة" ولكنَّ المتفق عليه هو أنها تنتهي بنقطة معلنة بذلك اكتمال المعنى الذي تحتويه الكلمات التي تسبق النقطة. إن ترتيب الجمل يُشكِّل الفقرات، ويُجمِع العديد من الخبراء على ضرورة صياغة جمل قصيرة، وعلى التنوع بين الطول والقصر.

في كتاب (Building Great Sentence: Exploring the Writers Craft) يتناول بروفيسور بروكس لاندون مهارة تركيب الجمل لتكون فعَّالة في نقل المعنى (Landon، 2008). ومع أنَّ الكتاب يعنى باستخدام إستراتيجيات تركيب الجملة ضمن إطار اللغة الإنجليزية، فإن الكاتب العربي سيجد فائدة عظيمة منه، لأن بعض هذه الإستراتيجيات يمكن تطبيقها على اللغة العربية إذا أحسنَّا فهمها.

إن الأخذ بإستراتيجيات في الكتابة من لغات أجنبية ليس مسألة مستحدثة أو جديدة على اللغة العربية، فعلى سبيل المثال فإن استخدام علامات الترقيم بشكلها المعاصر نفسه جاء من لغات أجنبية. وفي الوقت نفسه فقد اقتبست العديد من اللغات الأجنبية من اللغة العربية الكثير بسبب التفاعل بين اللغات والحضارات الذي يجعلها تتأثر وتؤثر في بعضها: فالحكمة ضالة المؤمن أينما وجدها فهو الأولى بها.

يُعرِّف لاندون الجملة التراكمية (cumulative sentence) بأنها الجملة التي تتكون من جزئين:

(أ) العبارة الأساسية (base clause): وهي الجزء من الجملة الذي يحتوي على فعل وفاعل ومفعول به، و

(ب) بند أو بنود التعديلات الحرة (free modifying phrases): وهي الجزء من الجمل الذي يحتوي على تعديلات تطال العبارة الأساسية بصورة ما.

دعنا ننظر مثلًا إلى جملة: (سافر الطالب إلى بلده، تاركًا وراءه أصدقاء الدراسة). وعليه فإن فقرة "سافر الطالب إلى بلده" تمثل العبارة الأساسية لأنها تحتوي على فعل وفاعل ومفعول به، وهي تصلح أن تكون جملة كاملة مستقلة. أما فقرة "تاركًا وراءه أصدقاء الطفولة" فهي تُشكِّل بند التعديلات لأنها أضافت تعديلًا إلى الفقرة الأولى بأن أضافت إليها معلومات جديدة توضح الطريقة التي سافر بها الطالب. ويمكن أن تحتوي الجملة التراكمية على أكثر من بند تعديلات واحد كما في المثال التالي: (سافر الطالب إلى بلده، تاركًا وراءه أصدقاء الدراسة وميممًا شطر أصدقاء الطفولة). فهنا أضفنا بند تعديلات ثانٍ وهو "وميممًا شطر أصدقاء الطفولة". وعليه، ووفقًا للاندون، فإن صياغة الجمل التراكمية يتيح للكاتب الفرصة في إضافة معلومات إضافية تُقوِّي تأثير الجملة وعُمقها وفعَّاليتها.

ويُقسِّم لاندون بنود التعديلات إلى قسمين: (أ) بنود تعديلات تنسيقية و(ب) بنود تعديلات تابعة.

(أ) بنود التعديلات التنسيقية (coordinate modifying phrases):

تُعدِّل "بنود التعديلات التنسيقية" على العبارات، ولكنَّ هذه التعديلات جميعها تستهدف العبارة الأساسية بأكملها، أو تعدِّل أحد مكوناتها الأساسية مثل الفعل أو الفاعل أو المفعول به، ففي المثال السابق فإن بند "تاركًا وراءه أصدقاء الطفولة" جاء بتعديل على الفاعل، وهو الطالب، فبيَّن كيف سافر الطالب ثم جاء بند "ميممًا شطر أصدقاء الطفولة" بتعديل مماثل، وعليه فإن هذين البندين يندرجان تحت مسمى التعديلات التنسيقية لأنهما عدَّلا في الفقرة الأساسية.

فوائد بنود التعديلات التنسيقية: من فوائد بنود التعديلات التنسيقية إتاحتها الفرصة "لتنغيم" الجمل من خلال إضافة الإيقاع والتَّكْرار المدروس سواء للكلمات أو لنوع التراكيب. فمثلًا كلمتا "تاركًا" و "ميممًا" تشتركان في الإيقاع بسبب انتهائهما بالتنوين بالفتحة وهو إيقاع تحبه الأذن لما فيه من موسيقى.

(ب) بنود التعديلات التابعة (subordinate modifying phrases):

تعدل "بنود التعديلات التابعة" العبارات التي سبقتها مباشرة. لنأخذ مثالًا حتى يتضح المعنى: "شرب حسن العصير بتلذذ، وهو عصير أعدَّته والدته في الصباح، بعد أن قطفت عدة ثمرات من شجرة الليمون، الشجرة التي زرعها زوجها في يوم زفافهما". ففي هذا المثال فإن عبارة: "شرب حسن العصير بتلذذ" هي العبارة الأساسية للجملة، لأنها تحتوي على الفعل والفاعل والمفعول به. أما العبارات التالية وهي: "وهو عصير أعدته والدته في الصباح"، فقد عدَّلت ما يسبقها مباشرة، وهو العصير، وهي هنا قد تكون بنود تعديلات تنسيقية لأنها عدَّلت العصير، وهو المفعول به، ويمكن أيضًا أن نسميها بنود تعديلات تابعة لأنها عدَّلت ما قبلها مباشرة. أما العبارات التي تليها وهي: "بعد أن قطفت عدة ثمار من شجرة الليمون"، فهي تعدل في العبارات السابقة مباشرة بأن شرحتْ مصدر العصير، وهو شجرة الليمون. أما العبارة الأخيرة وهي: "الشجرة التي زرعها زوجها في يوم زفافهما" فهي تُعدِّل العبارات التي سبقتها مباشرة لأنها تضيف معلومات عن شجرة الليمون.

مزايا بنود التعديلات التابعة: من فوائد بنود التعديلات التابعة أنها تتيح للكاتب الفرصة لإضافة التفاصيل التي تُثري المعنى وتضيف عمقًا إلى الجملة وتبعث فيها الحركة والحيوية.

وعليه نخلُص إلى أن وجود بند تعديلات واحد بعد العبارة الأساسية لا يكفي لمعرفة نوع هذا البند من التعديلات، وهل كان من بنود التعديلات التنسيقية أو من بنود التعديلات التابعة، وإنما نحتاج إلى أكثر من بند تعديلات في الجملة الواحدة لتحديد نوع هذه البنود. ويضيف لاندون نوعًا ثالثًا وهو "بنود التعديلات المختلطة".

(ت) بنود التعديلات المختلطة (mixed modifying phrases):

وهي بنود تعديلات تجمع بين النوعين، فهي جملة تراكمية تحتوي على عبارة أساسية بالإضافة إلى عدد من بنود التعديلات التنسيقية، والتابعة في الجملة التراكمية الواحدة نفسها.

وعليه يخلُص لاندون إلى أن صياغة الجمل التراكمية التي تحتوي على العبارة الأساسية وبنود التعديلات المناسبة يتيح للكاتب التحكم في صنع جمل رصينة غنية بالمعنى. فمن خلال مزايا بنود التعديلات التنسيقية يمكن للكاتب إضافة الإيقاع الموسيقي إلى الكلمات من خلال التَّكْرار المدروس. أما مزايا بنود التعديلات التنسيقية فتتيح للكاتب الفرصة لوضع التفاصيل التي تُوضِّح المعنى وتُصقِله وتزيد من ألقه وقوته.

ومع أنَّ المسرح الذي تعمل عليه الإستراتيجيات التي وضعها بروفيسور لاندون هو اللغة الإنجليزية، فإن هذه الإستراتيجيات تصلح أن تعمل في مسرح اللغة العربية إذا أحسن الكاتب العربي فهمها، لأن هذه الإستراتيجيات تصنع القوالب العامة لتركيب الجمل. ويمكن للكاتب العربي تشكيل هذه القوالب حسب حاجته وذوقه في اختيار المحتوى الذي يضعه في هذا القوالب.

اختيار الفقرات وتركيبها

الفقرة هنا نقصد بها مجموعة الجمل التي تُشكِّل وَحْدَة مُتَّسقة يُطلَق عليها عبارة "فقرة". ويُجمِع العديد من الخبراء على أن الكتابة القانونية تكتسب قوةً ووضوحًا إذا بدأت الفقرة بجملة ابتدائية تطرح فيها دفعًا واحدًا أو ادعاءً واحدًا ليكون ذلك هو مركز الفقرة (Garner، 2013، صفحة 81). ثم تكون جميع الجمل التالية في هذه الفقرة تدعم هذا الادعاء أو الدفع من خلال تقديم أمثلة، أو أدلة، أو شرح إضافي للدفع، أو الادعاء. أي إن الفقرة تتكون من جملة رئيسة وعدد من الجمل المساعدة التي تضاف إلى الجملة الرئيسة. مثال: جملة رئيسة (ادعاء). جملة مساعدة (شرح الادعاء /أو تقديم أمثلة للادعاء). جملة مساعدة (شرح الادعاء /أو تقديم أمثلة للادعاء) ...خاتمة (خلاصة، أو استنتاج، أو تسويغ). لكنْ لا يجوز أن تضيف فكرة جديدة في الفقرة نفسها، وإنما يجب أن تحتوي الفقرة على فكرة واحدة. إذا أردتَ الإتيان بفكرة جديدة فعليك بقسمة الفقرة إلى فقرتين.

إن هذا التقسيم المبسَّط سيسهل على القارئ متابعة أفكارك، ومن ثَمَّ تصبح كتابتك أكثر وضوحًا، وإن كان الموضوع الذي تتناوله يشوبه التعقيد لأنك بذلك تقسمه إلى نقاط أصغر يسهل هضمها، ثم إن التبسيط يساعد عقل المتلقي على الاقتصاد في بذل الطاقة في الفهم.

جمال اللغة

مع أنَّ الكتابة القانونية هي كتابة رصينة، لكنْ لا يعني ذلك أنها يجب أن تكون جافة خالية من الجمال. لذلك فإن الاختيار الواعي للكلمات يزيد من قوة المعنى. لن أحاول هنا حصر الطرق التي تعمل على إضافة الجمال إلى اللغة، لأن ذلك يصنع حدودًا للإبداع الذي حبانا الله إياه، ولكني أقدم بعض الإستراتيجيات التي يمكنك أن تختار منها ما يناسب موضوع المستند الذي تصيغه.

الجرس الموسيقي للكلمات: لكل كلمة جرس موسيقى خاص، ومن ثَمَّ فإن ترتيب الكلمات في نسق معين يخلق نغمات تطرب لها الأذن، مثلما تُسَرُّ العين بتنسيق الألوان في اللوحة الفنية، إذ تشبه عملية ترتيب الكلمات عملية ترتيب الألوان التي يصنعها الرسام أو ترتيب الزهور التي يصنعها مُنسِّق الحدائق الحاذق. ويكون ذلك بتخيُّر الكلمات التي تشترك في النهايات أو في البدايات أو في الوزن، أو في التَّكْرار المدروس للعبارات. لكنْ يجب ألا ننسى أن التركيز في الكتابة القانونية يكون على اختيار الكلمات التي تحمل المعنى المراد بدقة ووضوح، وعليه فإن الأمر يتطلب قدرًا من التوازن بين متطلبات الجمال اللغوي والوضوح والإقناع.

التَّكْرار المدروس: اخلق نمطًا متناسقًا من العبارات ثم انحرف عنه، مثال: عليكم بالصلاة، وعليكم بالطاعات، وعليكم بالإحسان إلى الأمهات. ففي العبارة الأولى والثانية تكررت بداية العبارة وتشابهت نهاية العبارة (الصلاة والعبادات)، ثم بعد ذلك جاءت العبارة الأخيرة بالبداية نفسها، لكنْ جاء عجزُها مختلفًا قليلًا. ففي هذا التَّكْرار المدروس جرس ترتاح له الأذن ويبقى أثر الجملة في ذهن المتلقي.

تغيير طول الجمل والفقرات: باين بين طول الجمل، فلا تجعل الجمل كلها طويلة أو كلها قصيرة. وكذلك في طول الفقرات، فلا تجعلها كلها في حجم واحد لأن ذلك يبعث على الرتابة والملل، والتباين يكسرهما.

التقديم والتأخير: الأصل هو تقديم الفعل على الفاعل والفاعل على المفعول، مثال: "أقام المحامي الحجة". والأصل أيضًا تقديم المبتدأ على الخبر، مثال: "العلم نور". لكنْ من وسائل جمال اللغة خاصية تعديل التقديم والتأخير لأنها تكسر الرتابة عند المتلقي، مثال ما رُوِيَ عن النبي (صلى الله عليه وسلم): "إن دينكم متين، فأوغلْ فيه برفق، فإن المنبت لا ظهرًا أبقى، ولا أرضًا قطع". [أخرجه البيهقي]. وفي هذا الحديث لم يقلِ النبي الكريم (صلى الله عليه وسلم): "فإن المنبت لم يبقِ ظهرًا ولا قطعَ أرضًا"، بل قدَّم المفعول وأخَّر الفعل. وقد يكون التقديم والتأخير بغرض تخيُّر موضع التأثير أو تغيير المعنى. فمثلًا إذا كتبت: أكتابًا سرقتَ؟ ففي هذا القول إيحاء بوقوع السرقة حتمًا، ويكون السؤال فقط في نوع المسروق. لاحظ الفرق بين: "أسرقت الكتاب؟". وبين: "أأنت سرقت الكتاب؟". ففي الأولى شك في حدوث فعل السرقة نفسه، أما في الثانية فالشك في الفاعل. وقد يكون بغرض إظهار التخصيص، مثال: "إياك نعبد وإياك نستعين".

الحذف: من وسائل جمال اللغة الحذف إذا كان المتلقي سيفهم المقصود. ويحب القارئ هذا النوع من الكتابة لأن فيه إطراءً ضمنيًّا لذكائه، مثل قوله تعالى: "وأنه هو أضحك وأبكى، وأنه هو أمات وأحيا"، فدون الحذف يكون القول: وأنه هو الذي أضحك وأنه هو الذي أبكى. وهو يشبه الإطراء الضمني في حالة استعمال الكناية مثل: "فلان كثير الرماد" في الكناية عن الكرم.

التأثير الإيحائي للأرقام: تعطي الأرقام إيحاءات مختلفة عند استخدامها، لذلك عليك اختيار عدد الكلمات أو الصفات لتتناسب هي والتأثير الذي تريد إضافته إلى المعنى، وذلك وَفْقًا لآتي:

- الرقم واحد يوحي بالوَحْدَة والتركيز على أمر واحد. "المتهم بريء". هنا التركيز على أمر واحد وهو: براءة المتهم.

- الرقم اثنان يوحي بالثنائية أو التوازن، مثال: الخير والشر. الليل والنهار. المتهم شجاع وكريم.
- الرقم ثلاثة يوحي بالتمام والاكتمال، مثال: السلطة التشريعية والتنفيذية والقضائية (تعطي معنى عناصر الدولة الحديثة).

استخدام القَصْر: يقصد بالقَصْر تخصيص شي بأمر آخر معروف. مثال: ما الحرب إلا صبر ساعة. وقد يكون أيضًا إذا نفيتَ الشيء ثم جئتَ بالاستثناء مثال: لا محاميَ إلا عمر.

الكتابة بصيغة الماضي وبصيغة المستقبل: لزيادة تأثير الحدث أو تعظيم قوته استخدم الفعل المضارع، ثم إن الفعل المضارع يُستخدَم عادة في الصيغ التشريعية، مثال: "يلتزم المشتري بسداد ثمن المبيع".

أما استخدام الماضي في بيان فعل سيحدث في المستقبل فإن ذلك يحمل معنى الحتمية (أو المبالغة)، مثال: "إذا شارك مهاجم فريقي في المباراة غدًا انقطع أملكم في الفوز". فالأصل هنا: إذا شارك مهاجم فريقي في المباراة غدًا فسينقطع أملكم في الفوز.

استخدام التشبيه: يعني التشبيه صنعك صورة خيالية في ذهن القاري بحيث تُشبِّه الأول بالثاني، وللتشبيه أربعة أجزاء هي: المشبه والمشبه به وأداة التشبيه ووجه الشبه. مثال: عمر كالأسد في الشجاعة. في هذا المثال ذُكِرَتْ جميع أركان التشبيه. لكنْ قد تزداد الصورة جمالًا إذا حذفتَ أحد الأركان، مثلًا: عمر أسد في الشجاعة (حذفتَ أداة التشبيه)، أو: رأيت أسدًا في قاعة المحكمة (تقصد عمر، وهنا حُذِفَتْ أداة التشبيه ووجه الشبه فازدادتْ قوة العبارة وجمالها).

الخلاصة

في مرحلة الصياغة نفَّذتَ الخطة التي رسمناها في مرحلتي التخطيط والبحث. لقد نفَّذتَ المخطط الذي وضعتَه للمستند متسلحًا بقواعد الصياغة السليمة وقواعد النحو والصرف. لقد تعرَّفتَ الأخطاء الشائعة في النحو والصرف وأصبحت لديك القدرة على ضبط صياغتك في هذه النواحي.

لقد أوليتَ اهتمامًا لشكل المستند بالقدر نفسه الذي أوليته لموضوعه بحيث جعلتَ عملية القراءة سهلة على عين القارئ وذهنه. لقد اهتممتَ بالتفاصيل وجعلتَ جملكَ تحمل صورًا حية لذهن القارئ وتوصله إلى المعنى الذي تريده مستخدمًا إستراتيجيات مُجرَّبة وفعَّالة.

في مرحلة الصياغة تقوم بلب عملية الكتابة القانونية بحيث تركِّب الكلمات التي تُشكِّل الجمل ثم تُرتِّب الجمل التي تُشكِّل الفقرات وتُرتِّب الفقرات التي تُشكِّل المستند. لقد تعرَّفتَ أساليب تجعل المستند القانوني الذي تصيغه أكثر إحكامًا وإقناعًا وتأثيرًا.

أنت الآن جاهز للمرحلة القادمة ومستعد لعادة المراجعة، بحيث تراجع عملك لكي تصل به إلى درجة الإتقان.

تمرين المهارة الثالثة

مهارة الكتابة

في هذه المهارة تعلمت الاهتمام بالشكل والموضوع عند صياغة أي مستند، وتعلمت أهمية مراعاة قواعد النحو والصرف. اختر أحد الملفات التي تعمل عليها واطبع هذه القائمة وقارنها والمستند الذي تعمل عليه.

أ- **المستند من حيث الشكل**

1. هل رقَّمتَ فقرات المستند بحيث يمكنك الإشارة إلى فقرات المستند بسهولة.

2. هل تركتَ مساحات بيضاء بين الفقرات لتساعد عين القارئ على القراءة؟

3. هل استخدمتَ نوعًا واحدًا من الخط في جميع صفحات المستند؟

4. هل استخدمتَ القياس المناسب للخط (14 أو 16)؟

5. هل استخدمتَ نوعَ الخط المناسب (Times new Roman)؟

ب- **المستند من حيث الموضوع:**

1. هل استخدمتَ أقل عدد ممكن من الكلمات لنقل أفكارك؟

2. هل راعيتَ الاستخدام الصحيح لعلامات الترقيم التالية:

- الفاصلة المنقوطة (؛)
- الفاصلة (،)
- النقطة (.)

- النقطتين (:)
- النقاط الثلاث (... إلخ)
- علامة الاستفهام (؟)
- علامة التعجب (!)
- القوسين (....)

3. هل استخدمتَ عناوين فرعية مُعبِّرة لتوجيه القارئ في أثناء قراءته المستند؟

4. هل راعيت الاستخدام الصحيح لأحكام النحو والصرف وتجنبتَ الأخطاء الشائعة المتعلقة بالأحكام التالية:

- أحكام الفعل المعتل.
- الأسماء الخمسة.
- الأسماء الممنوعة من الصرف.
- أحكام العدد.
- همزة الوصل وهمزة القطع.
- إعراب المثنى.
- أحكام كان وأخواتها.
- أحكام إنَّ وأخواتها.

5. هل أضفتَ عبارات تحمل صورًا حية بحيث تجعل المستند ينقل معاني حسية في ذهن القارئ؟

6. هل تحمل الكلمات التي اخترتها في المستند جرسًا موسيقيًّا ترتاح له أذن القارئ؟

7. هل تناولت الجانب الآخر من الموضوع (الحجج المناهضة / الرأي المعاكس / حجج الخَصْم)؟

8. إذا كان ذلك منطبقًا، فهل تناولتَ حجج الخَصْم في منتصف الفقرة وأشرت إليها بصورة مقتضبة ثم فنَّدتها؟

9. هل صممتَ دفوعك وحججك وفقًا لتصميم جارنر؟

10. هل جرّبت استخدام طريقة لاندون في تركيب الجمل التراكمية (المكوَّنة من عبارة أساسية وبنود تعديلات فرعية)؟

11. هل صِغتَ الفقرات بحيث تشمل كل فقرة فكرة واحدة؟

12. هل تحمل الفقرة جملة أساسية افتتاحية تتبعها جمل تشرحها أو تعطيها أمثلة أو تقيدها؟

المهارة الرابعة: المراجعة والتدقيق

المهارة الرابعة: المراجعة والتدقيق

"الكتابة بذهن مشتت، تشبه النوم في أثناء السباحة، كلاهما يؤدي إلى الغرق".

محمد حسن علوان

مقدمة

في المهارة السابقة تحدثتُ معك عن عادة الصياغة والكتابة، وقد أحسنتَ صنعًا في صياغة مستندك، سواء أكان ذلك المستند هو صحيفة دعوى تقدمها إلى المحكمة أم استشارة قانونية طلبها موكلك أم مقال قانوني ستنشره في صفحتك أم في مجلة قانونية في مدينتك. لكنْ قبل تقديم مستندك إلى القارئ عليك أداء أعمال لا تقل في حجمها أو أهميتها عن الأعمال التي عملتها في مرحلة الصياغة: إنها أعمال المراجعة. في تناولنا لهذه المهارة ستتعرف على إستراتيجيات مراجعة المستند لكي يحقق الغرض الذي أُعِدَّ من أجله.

ولكنَّ مرحلة المراجعة لا تعني التدقيق اللغوي للكلمات والجمل فقط، وإنما يشمل أيضًا مراجعة هيكل المستند وتركيبه، وهي الأعمال التي ستعملها متقمصًا شخصية متلقي المستند. في هذه المرحلة أنت تتقمص شخصية الناقد الذي يقرأ المستند بحيث تتخيل أنك تسلمته من شخص أجنبي لكي تحصل على الموضوعية المطلوبة.

من الأفضل ألا تبدأ عملية المراجعة إلا بعد فاصل زمني مناسب، ليكون ذلك بمنزلة استراحة عقلية تفصلك عن المُسوَّدة الأولى، لكي تستطيع أن تنظر إليها نظرة مستقلَّة. السبب هو أنه بسبب عملك المتواصل في صياغة المستند فقد أصبحت قريبًا بصورة كبيرة من الموضوع، وذلك قد يُشكِّل عائقًا في رؤية أي أخطاء جوهرية في تركيبة المستند الذي صِغته. أحد الأساليب التي أستخدمها لكي أفصِل نفسي عن مرحلة الصياغة بحيث أنتقل إلى مرحلة المراجعة هو أنني ألبس

قبعة أحتفظ بها في مكتبي خصيصًا لهذا الغرض، وأسميها "قبعة المراجعة". إن هذا التغيير الرمزي يعمل كمحفز نفسي، ويرسل رسالة إلى العقل الباطن بتبني إستراتيجية جديدة عند المراجعة (Canavor, 2017, p. 112).

عندما تعيش في ذهنية متلقي المستند ستتعرَّف أوجه القصور وأماكن العلل بصورة تجعلك تعمل على تحسينها وتعديلها، وهنا تكمن أهمية هذه الوضعية التي تجعلك ناقدًا لعملك، لأن في كل الأحوال سيكون هناك ناقد للعمل الذي تُقدِّمه، فلماذا لا يكون أول شخص يفعل ذلك هو أنت؟

سنقسِّم عملية المراجعة والتدقيق إلى مرحلتين؛ هما:

(أ) **الأولى**: مرحلة مراجعة هيكل المستند وقالبه بغرض التأكد من مطابقته الهدفَ من المستند، وبغرض التأكد من احتوائه على العناصر الأساسية للمستند.

(ب) **الثانية**: مرحلة التدقيق اللغوي والتفاصيل من خلال التدقيق في صحة قواعد اللغة ومراجعة الأخطاء الإملائية وتصحيحها، ومراجعة الحقائق والوقائع وذلك بغرض زيادة مصداقية المستند ودقته.

أولًا: مرحلة مراجعة هيكل المستند

مراجعة الخطة مع المُسوَّدة

في البداية عليك مراجعة المُسوَّدة التي صغتها مع الخطة التي رسمتها في المرحلة الأولى من الكتابة في أثناء ممارستك عادة البحث والتحليل. اطبع نسخة من المُسوَّدة للعمل عليها في مرحلة المراجعة ولتسجيل ملاحظاتك عليها في هامش المستند. عليك بطرح هذه الأسئلة على نفسك:

- هل غطيتَ جميع المسائل الواردة في الخطة؟
- هل تتناسب نغمة المستند وتوقعات المتلقي؟
- هل نقلت القارئ من نقطة البداية إلى نقطة النهاية في تسلسل منطقي بحيث تكون نقطة (أ) تسبق نقطة (ب) ونقطة (ج) تلي نقطة (ب)؟
- هل قرأتَ المُسوَّدة بصوت عالٍ لنفسك لكي تسمع وقع الكلمات؟ ماذا وجدت؟
- ما الكلمات التي يمكنك حذفها دون أن تؤثر في المعنى المراد؟ احذفها على الفور.
- ما التفاصيل التي يمكن الاستغناء عنها لكي تزيد من سرعة قراءة المستند وحيويته؟
- ما المسائل التي قد تحمل أكثر من تفسير؟ أعِدْ صياغتها لكي تحمل التفسير الذي تريده (وتنفي التفسير الذي لا تريده).
- ما المسائل التي يمكن أن تزيد من وضوحها أو فعَّاليتها من خلال إضافة صور لفظية أو جداول أو رسوم؟

إن الإجابة عن هذه الأسئلة من شأنها أن تقودك إلى تغييرات في هيكل المستند. وعليك بتدوين جميع الملاحظات التي تخطر ببالك في أثناء عملية المراجعة. في خلال عملي وجدتُ أن هذه الخطوة تُجنبني العديد من العنت والجهد لاحقًا، لأنني إذا حذفتُ جزءًا من المستند في هذه المرحلة فسيوفر ذلك عليَّ عناء تدقيق هذا الجزء، وسأستغنى عن أي عمل إضافي فيه. وفي الوقت نفسه فإن هذه المرحلة تضمن أنني لم أغفلْ عن مسألة جوهرية فاتت عليَّ عندما كنتُ منهمكًا في أعمال الصياغة، كما قد أرى الترابط بين بعض مكونات المستند أو التقاطعات المهمة مما يسهل عليَّ

إعادة تشكيلها أو تجميعها في مكان واحد أو تقسيمها بين عدة أماكن داخل المستند. هنا تكمن الفائدة الكبرى من مراجعة هيكل المستند لأنها تجعلك ترى الغابة والأشجار في الوقت نفسه.

القراءة بصوتٍ عالٍ

يقول العديد من الخبراء إن الأذن تعتبر من أهم الأدوات في ضبط الكتابة، لأنها تتعرف على وقع الكلمات، لذلك عليك أن تقرأ النص بعد أن تكون قد انتهيت من أعمال المراجعة لتتعرف وقعَ هذه التعديلات التي عدَّلتها، ربما قد تحتاج إلى عمل تعديلات إضافية حتى تستقيم أطراف المستند. إنَّ وقْع الكلمات ونغمتها سيدلانك على المواقع التي فيها نقص أو تَكْرار، ولذلك من المهم ألا تهمل هذه العملية. يطلب لاندون من طلابه قراءة القطعة التي يصيغونها بصوت عالٍ بحيث يقوم الطالب بتلك العملية في أثناء مراجعته القطعة قبل أن يقرأها أمام بقية الطلاب في الصف (Landon، 2008). ويقول لاندون إنه يعرف أكان الطالب قد اتبع نصيحته بقراءة القطعة لنفسه بصوت عالٍ سلفًا أم لا، لأن ذلك يظهر من خلال إدراك الطالبِ الخللَ في كتابته لأول مرة عندما يقرأ القطعة أمام زملائه. أعتقد أن هذه الفكرة تصلح للكتابة باللغة العربية أيضًا، وليست حصرًا على الكتابات الإنجليزية.

الحصول على تغذية راجعة عن المُسوَّدة

يقول ريك تيت: "التغذية الراجعة هي إفطار الأبطال". بعد أن عدَّلتَ التعديلات اللازمة حان الوقت لعرض المستند على شخص له نظرة محايدة عن الموضوع، أو لم يكوِّنْ أي فكرة سابقة عنه بقدر الإمكان. اخترْ شخصًا أو عدة أشخاص (بحسب تعقيد المستند وأهميته) وأعطِهم نسخة من المستند لقراءته وتقديم ملاحظاتهم عليه.[17] من الأفضل أن يكون هذا الشخص أو الأشخاص غير مرتبط بموضوع المستند لكي تحصل على رأي موضوعي ومحايد. مثلًا إذا كنت في مكتب محاماة يمكنك أن تعرض المستند على زميل يعمل في قسم آخر في المكتب لكي يعطيك رأيه في المستند. من فوائد هذا الخيار أن الزميل الذي يعمل معك في المكتب نفسه سيحافظ على سرية

---

[17] For more details see (Rylance, 2012, p. 182) and (Garner, 2013, p. 161.)

المستند وأسرار العميل، لأنه سيكون مُلزمًا بقواعد السرية المفروضة نفسها عليك. إذا كان الشخص الذي ستعرض عليه المستند ليس محاميًا في مكتبك فعليك مراعاة واجبات السرية، ويمكن عمل تعديلات بتغطية التفاصيل إذا كان ذلك كفيلًا بالمحافظة على سرية معلومات العميل. أما إذا كان المستند مقالًا قانونيًّا فإن الحرية تتسع أمامك لكي تختار من تشاء لعرض المستند عليه.

عليك بتحديد موعد زمني للحصول على التغذية الراجعة بالتشاور والشخص الذي سيراجع المستند، مع توجيهه إلى النواحي التي تريده أن يعطيك الرأي فيها لكي يركز عليها في رده.

بعد الحصول على الملاحظات عليك بوزنها والتقرير بشأنها، وهنا ليس عليك قبول جميع الملاحظات، لكنْ يجوز أن تأخذ منها أو تردَّ منها ما تشاء، وذلك وفق الأهداف التي تسعى إليها من الكتابة. في النهاية عليك الاستماع لصوت حدسك الداخلي.

تنفيذ خطة المراجعة

بعد أن أكملت أعمال المراجعة عليك البدء في التعديلات بحيث تبدأ بالتعديلات الجوهرية المتعلقة بالهيكل أولًا، مثل إضافة فقرات أو حذف بعضها، قبل أن تفصِّل التفصيلات الصغيرة، لأن ذلك يوفر عليك الوقت، فقد تكون التفصيلات الصغيرة في فقرة ستحذفها بالكامل. يجب أن تتبع هذا التسلسل في المراجعة للحصول على الفعَّالية اللازمة، ولكي توفر الوقت والجهد.

بعد أن تنتهي من التعديلات الجوهرية ومن حذف الأجزاء التي لا تخدم الغرض من المستند عليك العمل بعدها على التعديلات الصغيرة التي توصلت إليها من عملية المراجعة. إذا مررتَ بأخطاء نحوية ظاهرة فلا تترد في تصحيحها، لكنْ لا تجعل ذلك الهدف الأساس لأنه قد يكون سببًا في مضيعة الوقت في هذه المرحلة إذا أصبحتْ تصرفك عن التركيز.

من المهم الانتباه إلى أن مرحلة المراجعة تحتوي على قدر واسع من المرونة بسبب طبيعتها الخاصة، وبسبب عدم وجود أسلوب واحد يصلح لجميع أنواع المستندات. ففي حالة المستندات البسيطة

لا بأس من دمجها هي ومرحلة التدقيق أو تطبيقها بشكل مبسط اختصارًا للوقت والجهد، وكل ذلك يستدعي قدرًا من التبصُّر والموازنة بين الأولويات. إن الموازنة بين الأولويات يكون بمنزلة القلب بين المهارات التي يجب أن يتمتع بها المحامي، إذ يندر وجود عمل قانوني لا يتطلب قدرًا ما من المفاضلة بين أمرين أو أكثر، بل إن القانون نفسه ما هو إلا موازنة بين مصالح مختلفة متعلقة بالأطراف التي يسري عليها القانون.

ثانيًا: التدقيق والمراجعة الفنية للتفاصيل

إن عمل الكاتب في هذه المرحلة يشبه عمل المحقق، فهو يبحث عن الأخطاء والقصور بغرض تصحيحها. لقد راجعتَ مراجعة هيكلية للمستند وراجعتَه بشكل يتوافق هو والمنطق، واستمعتَ لرأي أشخاص تثق برأيهم، وعدَّلتَ تعديلات في المستند على ضوء أعمال المراجعة التي راجعتها. أنت تقترب من المراحل النهائية للكتابة. في هذه المرحلة تعود إلى المرحلة المدرسية لتسترجع قواعد الإملاء والنحو والصرف. لقد سبق أن تطرقنا إلى الأخطاء الشائعة في النحو والصرف وكيف يمكن التعامل معها.

مراجعة الخط والتنسيق

عليك بمراجعة حجم الخط ونوعه للتأكد من التناسق في جميع أجزاء المستند، كما ذكرتُ سابقًا فإنني أفضِّل "تايمس نيو رومان" بالنسبة إلى اللغتين: العربية والإنجليزية، مع اختلاف حجم الخط، إذ أكتفي بخط قياس 12 في اللغة الإنجليزية، ولكنَّ تطبيق هذا القياس على اللغة العربية غير مناسب، لأن الخط يبدو صغيرًا جدًّا، ولذلك استخدم 14 أو 16 بالنسبة إلى اللغة العربية. قد تؤدي عمليات المراجعة إلى تعديلات في الخط والتنسيق، لذلك يجب الانتباه للتناسق في جميع أنحاء المستند.

مراجعة الترقيم وترتيب الفقرات

عليك بمراجعة ترقيم الفقرات وترتيبها، والتأكد من أن صفحات المستند نفسها مرقَّمة. للتبسيط فأنا أستخدم الأرقام الإنجليزية مثل 1 و2 و3 ولا أستخدم الأرقام التي نطلق عليها أرقام عربية، والسبب هو تفادي إشكاليات الفاصلة، فمثلًا إذا رغبتُ أن أكتب ستة ونصف فإن ذلك مسألة سهلة وتكون كالآتي 6.5، ولكن إذا كنت أستخدم الأرقام العربية فإن الفاصلة العشرية هي الصفر نفسه وسيكون الرقم مثل 605. تستخدم دول المغرب العربي بشمال إفريقيا الأرقام الإنجليزية وهو اختيار موفق.

قد تحتاج إلى نقل مكان بعض الفقرات أو إعادة دمجها هي وفقرات أخرى. إذا أضفت أو فقرات حذفتها فقد يؤثر ذلك في الترقيم، ولذلك عليك الانتباه للتأكد من تناسق الترقيم وجميع أجزاء المستند، وعدم وجود تضارب في الترقيم أو تنافر.

مراجعة الأسماء والتواريخ والمبالغ

إذا أرسلتَ رسالة إلى شخص ما فإن أول ما سيلاحظه هذا الشخص هو كيف تكتب اسمه. إذا أخطأت في كتابة اسم الشخص متلقي الرسالة فإن ذلك يبعث في نفسه شعورًا غير طيب تجاهك وتجاه المستند الذي كتبته. لذلك عليك بمراجعة الأسماء والتواريخ وتفاصيل الأرقام، خاصة إذا كانت مبالغ مالية. إن كتابة المبالغ المالية بالأحرف والأرقام مسألة منتشرة، لكنْ قد يحدث تباين بين المبلغ المكتوب بالأرقام وبين المكتوب بالأحرف، لذلك يرى البعض أن ذلك لم يحل المشكلة وإنما زاد احتمالية الخطأ. إن أخطاء مثل 60,000 (ستة آلاف) تظهر في العديد من المستندات (هل لاحظتَ الخطأ المتمثِّل في الاختلاف بين الرقم بالأحرف والأرقام؟). يثور جدل كبير بين الكتاب عن ضرورة كتابة المبالغ المالية بالحروف والأرقام معًا فهناك من يفضل الجمع بينهما وهو الشائع، لكنْ يوجد رأي آخر يقول بضرورة الاكتفاء بالأرقام فقط، لأن التَكْرار مدعاة للخطأ، وأنا أرجِّح هذا الرأي الأخير.

مراجعة المستندات والأدلة

عليك بمراجعة قوائم الأدلة والمستندات والمراجع التي تعتمد عليها في مذكرتك. فإذا كان المستند الذي تعمل عليه هو مذكرة للمحكمة فإن ذلك يعني مراجعة قائمة الأدلة (أو ما يُسمَّى بحافظة المستندات) للتأكد من اكتمالها وتناسقها مع بعضها. من المهم أن تكون الأدلة مرقَّمة لكي تسهل الإشارة إليها بصورة محددة، وهنا عليك التأكد من توافق الترقيم بين متن المستند وحافظة المستندات لكيلا يحدث تضارب عند الرجوع إلى المستند. يجب أن تكون المستندات واضحة ومنسَّقة ومقسمة بفواصل تُسهِّل على القاضي الرجوع إليها بسهولة. إذا كانت المستندات تحوي

ترجمة فعليك بوضع الترجمة قبل المستند الأصلي مباشرة. يجب أن يسبق المستندات كشف بأسماء هذه المستندات وذلك وفق المثال الآتي:

حافظة مستندات المدعية

رقم	اسم المستند	دلالته في الإثبات
1	مستند رقم 5 – فاتورة البضاعة التي سلمتها المدعية	مديونية شركة المدينة المدعى عليها بمبلغ 5 آلاف ريال
2	مستند رقم 6 – إيصال تسلُّم الشركة المدعى عليها البضاعة	إخفاق المدعى عليها في سداد مبلغ المديونية وهي 5 آلاف ريال

إذا كنت تعتمد على مراجع أو نصوص في القانون فيُنصح بمساعدة القاضي على الوصول إليها من خلال نسخ صور من صفحات المرجع أو القانون (ليس بالضرورة نسخ جميع الصفحات، وإنما الصفحات التي تعتمد عليها فقط، مع إضافة الغِلاف لكي تتضح الصورة للقاضي). إذا كانت الأدلة صورًا فنية فلا بأس من إضافة تعليق توضيحي إلى هذه الصورة (لكنْ من الضروري أن يشير التوضيح إلى أنك مصدر هذا الشرح).

عليك التأكد أن المذكرة تحتوي على ملخص يُمهّد للقارئ ما ستعرضه المذكرة، ويجب أن يكون الملخَّص في الصفحة الأولى من المذكرة ما أمكن.

مراجعة الأخطاء الإملائية والنحوية:

معظم أنظمة مايكروسوفت وورد مُزوَّدة بخاصية التدقيق الإملائي والنحوي، وهي مفيدة للغاية (Rylance، 2012، صفحة 179). ولكنَّ الاعتماد عليها كُليَّة هو أمر محفوف بالأخطار، لأنها لن تنبهك في حال كانت الكلمة صحيحة من الناحية الإملائية، ولكنها ليست الكلمة التي قصدتها.

فمثلًا إذا كتب عبارة "اللكمة" بدلا من "الكلمة" فإن نظام مايكروسوفت وورد لن ينبهك إلى أن اللكم والضرب ليست من وسائل الكتابة. لذلك فإن التدقيق اليدوي لا مفرَّ منه. يمكنك استخدام معظم الأساليب الموضَّحة في المهارة السابقة مع اختلاف المقصد، فهنا أنت تبحث عن الأخطاء الإملائية والنحوية ولا تركز على هيكل المستند. (انظر إلى المثال الآتي).

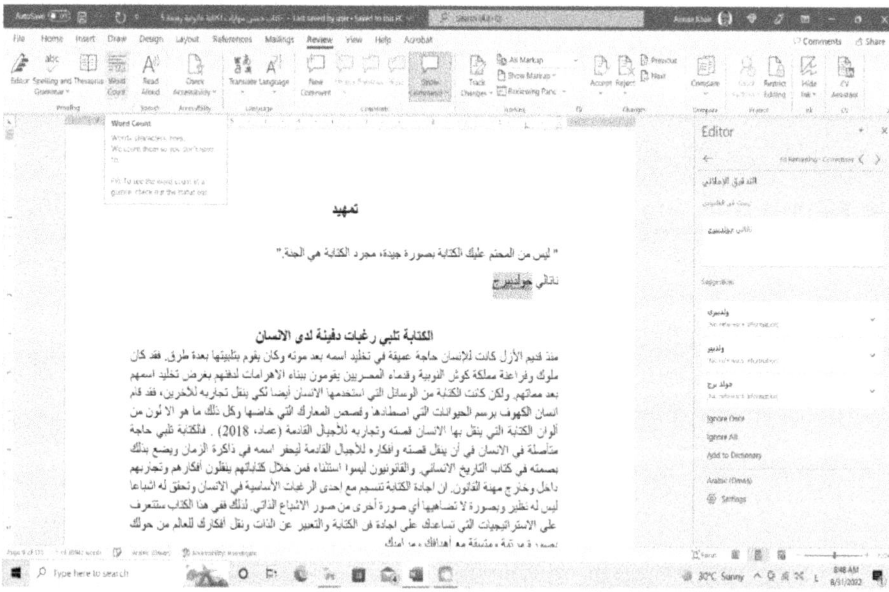

المراجعة من قِبل المحترفين

إذا كان المستند الذي تعمل عليه مقالًا سيُنشَر في مجلة معروفة، أو إذا كنت ترى في المستند الذي تعمل عليه أهمية خاصة فلا بأس من الاستعانة بمدقق لغوي محترف للمراجعة. قد يكون هذا الشخص جارك مدرس اللغة العربية، أو مكتب تدقيق، أو شخص تأنس فيه الكفاءةَ اللازمةَ لمراجعة المستند. إذا كانت الأتعاب التي ستدفعها ستشكل إشكالية فيمكن أن تعمل مع زميل أو

صديق بحيث تتبادلان الأدوار، فتراجع كتاباته ويراجع هو بدوره كتاباتك، وبذلك فلا تُضطَرَّ إلى تكبُّد مصروفات إضافية في التدقيق (Canavor, 2017, p. 114).

المراجعة باستخدام التِّقْنِيَّة

الوسائل التِقْنِيَّة الحديثة في الكتابة في تطور مستمر، ولعل البرامج التي سأذكرها في هذا المجال تكون قد أصبحتْ متأخرة في تاريخ طباعة هذا الكتاب. وعلى وجه العموم فإن البرامج المصمَّمة لمراجعة الكتابة باللغة الإنجليزية متوفرة بصورة أكبر من البرامج المصممة للغة العربية بسبب الانتشار الكبير للغة الإنجليزية في العالم. بالنسبة إلى الكتابة باللغة الإنجليزية فإن برنامج (Grammarly) يعتبر من البرامج الرائدة في المراجعة والتدقيق في الوقت الذي طُبِعَ فيه هذا الكتاب. في ما يلي بعض أهم المواقع المجانية للتدقيق والمراجعة:

- Polish writing

https://www.polishmywriting.com/

- Reverso

https://www.reverso.net/spell-checker/english-spelling-grammar/

- Online correction

https://www.onlinecorrection.com/

- Grammarly

https://app.grammarly.com/

عمل قائمة مراجعة (Checklist)

تعتبر قوائم المراجعة وسيلة فعَّالة لرفع مستوى الجودة والإتقان، لأنها تذكِّرك بالبنود التي عليك فعلها لكيلا تنسى تنفيذ أحدها في خضم الانشغال بإنجاز العمل. حاول أن تجعل عملية إعداد قوائم المراجعة من العادات التي تقوم بها بصورة روتينية في جميع المسائل الحرجة التي تحب أن ترى فيها الدقة والإتقان (وهو ما ينطبق على معظم الأعمال القانونية التي تنوي تسليمها لطرف آخر).

في هذا المجال يمكنك الاستعانة بتمرين المراجعة المُلحق بهذا الباب لعمل قائمة المراجعة الخاصة بك. اطبع التمرين واحتفظ بنسخة منه في مكان قريب في مكتبك أو تعليق نسخة على لوحة التذكير في مكتبك بحيث تكون تحت بصرك وفي متناول يدك كلما احتجت إليها. بمرور الوقت ستصبح عادةً حميدةً تفعلها دون جهد أو تفكير، ولكنها سترفع درجة الإتقان في أعمالك إلى مستوى الامتياز. ستصبح أعمالك أكثر احترافية وستقل الأخطاء التي تنتج عن السهو أو عدم التركيز بصورة كبيرة.

التَّكْرار

عليك بتَكْرار خطوات عادة المراجعة والتدقيق عدة مرات حتى تصل إلى مرحلة من الرضا عن المستند قبل تسليمه. إن عدد مرات المراجعة والتدقيق يعتمد على طبيعة المستند والمدة الزمنية المتاحة لتسليمه. وكلما زادت مرات المراجعة والتدقيق زادت جودة المستند، وتعرَّفت طرقًا جديدة لتحسين المستند، فلذلك يجب أن تقاوم الرغبة في التوقف.

لكنْ في الجانب الآخر فإن الكمال لله وحده، ويجب ألا يوصلك إصرارك على الإتقان إلى مرحلة الهوس بحيث يؤثر في الإنتاجية في مجالات أخرى بصورة غير منطقية. لذلك عليك الموازنة بين الإتقان والإنتاجية لتصل إلى الفاصل المناسب بينها، وفي كل الأحوال عليك باحترام القيد الزمني وعدم التأخر في تسليم المستند عن موعده المحدد. وإذا طرأتْ ظروف قد ترى أنك لن تستطيع الوفاء بالوعد الذي قطعتَه بتسليم المستند في الموعد المحدد، فعليك إخطار الطرف الآخر بأسرع وقت ممكن، ولا تنتظر حتى فوات الموعد لكي تُقدِّم اعتذارك. سيكون لذلك أثر أفضل لدى

الطرف المتلقي، وسيكون أكثر تقبلًا إذا أخبرته مقدمًا مما لو أخبرتَه بعد فوات الموعد، لأن الفرصة ستكون متاحة لديه لتعديل جدوله بدلًا من تضييع الوقت منتظرًا وصول مستندك.

الخلاصة

في مرحلة مهارة التدقيق أنت تتقمَّص شخصية المحقق الذي يبحث عن الأخطاء لإصلاحها، وعن النواقص لإكمالها، إنها إحدى مراحل الإتقان الهامة التي تُشذِّب المستند وتنظفه من الأخطاء الإملائية والنحوية. إنها مرحلة "الصنفرة" والصقل والتلميع. ولكنها أيضًا مرحلة مراجعة أجزاء المستند للتأكد من اكتمال قِطعه وتناسقها مع بعضها.

عليك بتقسيم عمليات المراجعة إلى مراحل تبدأ فيها بمراجعة هيكلية المستند، لأن ذلك يُشكِّل أساس المستند. ثم بعد ذلك عليك بالتدقيق اللغوي والنحوي ومراجعة التفاصيل الفنية الأخرى. قد يكون من المناسب في بعض الأحيان الاستعانة بمدقق لغوي لمساعدتك على مراجعة المستند.

إن الغرض من المراجعة هو أن تكون الناقد الذي يُقوِّم المستند ويصلح عيوبه قبل تراها أعين القراء، وقد يكون من المفيد أن تُعِدَّ قائمة المراجعة الخاصة بك وتضيف إليها ما يهم ملفاتك وأعمالك وأولوياتك.

لقد أكملتَ جميع أعمال صياغة ومراجعة وتدقيق المستند، وأصبح المستند جاهزًا للخروج إلى العالم، وهذا ما سنتناوله معًا في المهارة القادمة وهي مهارة الإخراج.

تمرين المهارة الرابعة

مهارة المراجعة والتدقيق

في هذه المهارة تعلمتَ مهارة المراجعة والتدقيق. اخترْ أحد الملفات التي تعمل عليها واطبع هذه القائمة وقارنها هي والمستند الذي تعمل عليه.

المرحلة الأولى: تقمَّص شخصية المحقق بغرض الفصل بين ذهنية الكاتب وذهنية المراجع.

1. ما الأسلوب الذي اخترتَه ليذكرك بالانتقال من مرحلة الصياغة إلى مرحلة المراجعة؟

2. هل مرَّت مدة كافية بين تاريخ صياغة المستند وتاريخ مراجعتك حتى تكون في حالة ذهنية تتسم بالموضوعية وتُمكِّنك من النظر إلى المستند بعين جديدة؟
3.
4. هل طبعتَ المُسوَّدة الأولية بغرض مراجعتها؟

المرحلة الثانية: أعمال المراجعة

1. هل قرأت المُسوَّدة بصوت مسموع لكي تتعرَّف مواقع التناغم ومواقع النشاز/ الخلل؟

2. هل راجعتَ الخطة التي أعددتها في مرحلة البحث والتحليل مع المُسوَّدة التي صغتها؟ هل خرجتَ عن الخطة؟ إذا كانت الحال كذلك، ما الأسباب؟

3. هل غطيتَ جميع العناصر المضمَّنة في الخطة؟

المرحلة الثالثة: مراجعة التفاصيل

1. هل راجعتَ التفاصيل للتأكد من صحتها (مثل الأسماء/ المبالغ/ التواريخ/الأرقام)؟

2. هل ما زال القانون الذي استندت إليه في عملية البحث القانوني هو القانون الساري حاليًّا؟ هل حدثت أيُّ تعديلات جديدة؟

3. هل توجد قوانين أخرى تتقاطع هي والقانون الأساسي الذي يحكم المُسوَّدة؟ كيف استفدتَ من هذه التقاطعات في حال وجودها؟

4. هل راجعتَ المستند للتأكد من خلوه من الأخطاء الإملائية والنحوية؟

5. ما الوسيلة الإلكترونية التي تستخدمها للمراجعة؟

6. هل تأكدت أن الوسيلة الإلكترونية التي استخدمتَها لم تَغْفل عن كلمات صحيحة من ناحية قواعد الإملاء، ولكنها ليست الكلمات المقصودة؟

7. هل عرضتَ المُسوَّدة على صديق أو شخص آخر لكي يعطيك رأيًا مستقلًّا؟

8. هل وضحتَ لهذا الشخص النواحي التي ترغب في الحصول على رأيه فيها ومتى تتوقع الحصول على الرد؟

9. هل تسلَّمتَ وراجعتَ الملاحظات التي حصلتَ عليها؟

10. إذا كنت قد قررتَ عدم قبول أي من الملاحظات التي حصلتَ عليها فهل كان هذا القرار مبنيًّا على أسباب منطقية، أم أسباب منبعها العاطفة؟

11. هل كُرِّرَتَ المراجعة؟

المهارة الخامسة: الإخراج

المهارة الخامسة: الإخراج

(شخصية المخرج السينمائي)

"إن عقل الإنسان الذي يمتد ليصل إلى أفكار جديدة لا يتقلص مرة أخرى إلى حجمه السابق".

أوليفر ويندل هولمز

مقدمة

في المهارة السابقة أكملنا عمليات التدقيق بغرض معالجة الأخطاء التي قد تكون لحقت بالمستند، ومراجعة أجزاء المستند للتأكد من أنها تحتوي على جميع العناصر اللازمة، بغرض الوصول إلى مستند مكتمل وخالٍ من الأخطاء اللغوية أو النحوية أو أي أخطاء في المحتوى. عليك الآن بتقمص شخصية المخرج السينمائي لإخراج المستند إلى الجمهور. قد يكون الجمهور هو الموكل، أو القاضي، أو المحكم، أو أي شخص آخر يتلقَّى المستند. في أثناء تناولنا هذه المهارة سنتعرَّف 100استراتيجيات الإخراج المختلفة.

أولًا: الشكل النهائي للمستند

الشكل النهائي للمستند يرتبط بصور وثيقة بالغرض منه وبالجمهور أو القارئ متلقي المستند. فإذا كان المستند مذكرةً للمحكمة أو صحيفة دعوى ففي الغالب سيكون عليك إعداد نسخ من المستند بعدد الخصوم، بالإضافة إلى نسخة المحكمة. عليك العناية بشكل المستند وترتيبه بشكل أنيق، واختيار نوعية جيدة الورق للطباعة، والتأكد من أن حبر الطابعة في الحدود المناسبة بغرض إخراج طباعة عالية الجودة. حتى إن كان لديك سكرتير أو سكرتيرة تؤدي هذا العمل، فإن

ذلك لا يُغني عن المراجعة قبل إرسال المستند، لأن المستند يحمل اسم المحامي ويعمل كبطاقة تعريف للمحامي. عليك أيضًا التأكد من أن المستند يحمل التوقيع والأختام المناسبة قبل إرساله.

إذا كنت ترسل مستند إلى العميل أو إلى أي جهة خارجية، فعليكَ بعمل رسالة مرفقة تشرح فيها بصورة مختصرة ماهية المستند المرفق، مع توضيح أي إجراء تطلب من المتلقي فعله حيال المستند، والموعد الزمني المتوقع لعمل ذلك كلما كان ذلك ممكنًا. إن الرسالة المرفقة مع المستند تساعد المتلقي على التجاوب مع محتوى المستند، وتنفيذ ما تطلب بصورة أكثر احترافية. عليك بمراجعة المرفقات والتأكد من اكتمالها وتطابقها هي والشكل النهائي للمستند وأنك لم تنسَ إرفاق أي من المستندات.

حفظ المستندات

تختلف قواعد حفظ المستندات وتخزينها باختلاف نوع المستند والغرض منه. بعض المستندات قد تحكمها قواعد قانون معين، ومثال ذلك المستندات المتعلقة بقوانين غسل الأموال، ففي مثل هذه الحالات قد يفرض القانون الاحتفاظ بالمستندات لمدة قد تصل إلى عشر سنوات.[18]

إذا كنت تعمل على مستند مع أطراف أخرى فعليك حفظ المستند في الحاسوب تحت اسم يشير إلى المستند بصورة واضحة، لكي يسهل عليك البحث عنه والوصول إليه، مع الإشارة إلى التاريخ لكي تُفرِّق بين النسخ المتعددة للمستند عند حفظها في الملف المعني. فمثلًا إذا كان المستند هو عقد شراء عقار فقد يكون اسم المستند مثلًا: **عقد شراء عقار شركة المدينة – نسخة أيمن 15 مارس 2021**. وعندما تتسلَّم ملاحظات الطرف الآخر يمكن أن يكون اسم المستند الذي تسلَّمته: **عقد شراء عقار المدينة – تعديلات البائع 17 مارس 2021.**

(18) انظر إلى المادة 44 من المرسوم سلطاني رقم 30 / 2016 بإصدار قانون مكافحة غسل الأموال وتمويل الإرهاب.

في الغالب فإن الملف الذي تعمل عليه يتكوَّن من ملف إلكتروني في الكمبيوتر وملف ورقي فعلي. فإذا كانت الحال كذلك فيجب أن تُوجِد رابطًا بين الملف الإلكتروني والملف الفعلي، ويجب أن تتبع ترتيبًا منطقيًّا للملفات. في مكاتب المحاماة الكبيرة في الغالب ستجد أن المكتب لديه نظام لإنشاء الملفات وترقيمها، ومن الأفضل التزام ذلك النظام. في حالة كونك مبتدئًا فيمكن البداية بكراسة تُسجِّل فيها اسم الملفات، مع إضافة أرقام بشكل متسلسل مع السنة، فمثلًا قد يكون اسم الملف ورقمه كالآتي:

م	اسم العميل/ الملف	رقم الملف	مكان الملف
1	الشركة الفلانية للعقارات	2021/1	الخزانة رقم 1 في المستودع الأرضي
2	أحمد فلان الفلاني	2021/2	الخزانة رقم 1 في المستودع الأرضي

في هذه الحالة من الأفضل أن يحمل الملف الإلكتروني في الكمبيوتر الاسم نفسه لكي يسهل الربط بينهما.

تبادل المستندات

عند تبادل المستندات مع محامي الطرف الآخر عليك باختيار الطريقة التي تناسب نوع المستند. فإذا كان المستند رسالةً فإن صيغة بي دي إف تكون هي الأنسب. أما إذا كان المستند مُسوَّدةَ عقد فإن إرسال المستند في صيغة (PDF) بي دي إف قد يبعث رسالة تشير إما إلى الكسل وإما إلى الغرور، لأن الطرف الآخر يتوقع أن يراجع ويُعدِّل داخل المستند. وإذ إن صيغة بي دي إف لا تساعد على إدخال التعديلات فإن إرسال المستند بهذه الطريقة سيُضطَرّ الطرف المتلقي إما إلى

كتابة التعليقات بخط اليد على هامش المستند، وإما في شكل ملاحظات خارج المستند، وإما تحويل المستند إلى صيغة الوورد، وكلها أعمال تضيع وقت الطرفين. لذلك عليك بإرسال مُسوَّدة العقد في شكل وورد من البداية، ما لم يوجد سبب مقنع بخلاف ذلك.

قد لا يعرف البعض أن المستندات تحمل بيانات (meta data) تُسجِّل تاريخ المستند والتعديلات التي حدثت في المستند قبل إرساله، بل تسجل أيضًا اسم الحاسوب الذي حُفِظَتْ فيه، وكلها بيانات يمكن استخلاصها من المستند بطرق إلكترونية. لذلك تتوفر أنظمة إلكترونية لتنظيف المستندات من البيانات التي لا ترغب في مشاركتها مع الطرف الآخر ولتنظيفها من الفيروسات قبل إرسالها. عليك ملاحظة أن إرسال المستندات من خلال البريد الإلكتروني يحمل أخطار التعرض للاختراق، ولذلك عليك الاستثمار في أنظمة الحماية المناسبة للشبكة وللمراسلات التي ترسلها لكي تحمي معلومات العميل وتحمي بياناتك. إن التساهل في هذه الأمور قد تكون له عواقب وخيمة على المحامي وعلى المكتب وعلى العميل.

أرشفة المستندات وصناعة النماذج

يجب أن تكون طريقة التنظيم والأرشفة بمنطقية يسهل معها الوصول إلى الملفات المطلوبة بأقصى سرعة ممكنة، مع مراعاة حفظ الأشياء المتشابهة في مكان واحد. من الأخطاء الشائعة التي يقع فيها العديد من القانونيين هي وضع الملفات على سطح المكتب في الحاسوب معتقدين أن ذلك يساعدهم على الوصول إليها بسرعة. ولكنَّ هذه طريقة غير فعَّالة بسبب أن تراكم الملفات على سطح المكتب سيجعل عملية العثور على الملف الصحيح غاية في الصعوبة، ويزيد من احتمالية الوقوع في الأخطاء وضياع الملفات. لذلك عليك بتكوين ملفات رئيسة تضع داخلها الملفات الفرعية التي يمكن بدورها تقسيمها إلى ملفات داخلية بطريقة تتفق مع المنطق. عليك بتخصيص ساعات من آخر يوم عمل في الأسبوع لتنظيم ملفاتك وترتيبها، وبمرور الزمن ستصبح تلك عادة حميدة يمكن تطبيقها على نواحٍ أخرى من حياتك المهنية.

إن أرشفة المستندات تساعدك على تطوير النماذج والسوابق التي ترجع إليها في المستقبل في حالات متشابهة، لذلك عليك الاحتفاظ بنسخ من جميع المستندات التي صِغتها مع البحوث والأعمال التي عملتها، بسبب أن القواعد القانونية يغلب عليها الثبات، وفي الغالب سترجع إلى القواعد نفسها مرات عدَّة في مجال القانون الذي تمارسه، لذلك يمكنك كسب الوقت والجهد من خلال الرجوع إلى المستندات السابقة التي صِغتها والاستفادة منها في صياغة مستندات جديدة. لكنْ هنا يجب الحذر من عمليات النسخ دون تبصر وتروٍّ، لأن كل مسألة قانونية لها أحكامها، ولذلك عليك مراعاة الاختلافات التي قد تصاحب المسألة الجديدة وتُميّزها عن سابقاتها.

صناعة نسخ احتياطية: توفر العديد من الأنظمة الإلكترونية خدمات الحفظ الإلكتروني والأرشفة، وقد يكون من المفيد الاستثمار في أحد هذه الأنظمة بحسب حاجة العمل الذي تعمله وحجمه. ومن أبسط الصور هو حفظ المستندات في فلاش خارجي مستقل، مع وضع لاصقة عليه تُوضِّح محتوياته ليكون ذلك بمنزلة نسخة احتياطية ترجع إليها في حالة حدوث عطل في جهاز الحاسوب أو تلفه أو ضياع المستندات لأي سبب كان. إن إغفال هذه العملية قد يؤدي إلى خسائر كبيرة لا يمكن تداركها بسهولة، لذلك من الأفضل أن تُشكِّل جزءًا من روتين العمل.

ثانيًا: التطوير المستمر

يقول ويني ديريرد: "فقط الشغف، والشغف العارم هو الذي يمكنه رفع الروح للوصول إلى الأمور الرائعة"، (آندرسون، 2008، صفحة 131). لقد وصلتَ إلى نهاية العادات والمهارات التي تقودكَ إلى النجاح، وأنتَ الآن في مرحلة التطوير والتعلم.

إذا كنتَ تمتلك سيارة فأنت تعلم أن عليك أخذ سيارتك للصيانة الدورية؛ مثل: تغيير الزيت والمصفاة، حتى إن كانت السيارة تعمل بصورة طبيعية، وتسمى هذه العملية بخدمة السيارة، إنها عملية مستمرة لا تنتهي. في كتاب العادات السبع للناس الأكثر فعَّالية يسمي ستيفن كوفي هذه المهارة بعادة شحذ الفأس (كوفي، 2018). إنها المهارة التي تبقي نصل سيف كتابتك قاطعًا ولامعًا.

من لا يتجدد يتبدد

بعد التخرج في الجامعة ونَيْل ترخيص المحاماة ينخرط العديد من المحامين في ممارسة المهنة دون أن تكون لديهم خطط ممنهجة لمواصلة التعلم المهني، بل إن العديد من المحامين لا يعدون ذلك مسألة ضرورية، إن التوقف عن التعلم من أخطر الأمراض التي يمكن أن يصاب بها المحامي، لأن التوقف عن التعلم لن يُوقف التطور في المجالات التي يمارس فيها عمله، بل سيتوقف المحامي عن اللحاق بركب التطور في المهنة.

فعلى سبيل المثال فإن جمعية المحامين بمقاطعة أونتاريو الكندية (كغيرها من جمعيات المحامين في دول شمال أمريكا ومعظم دول نظام القانون العام) تفرض على المحامين المشاركة في دورات مهنية وإرسال تقارير سنوية تُوضِّح تفاصيل هذه الدورات. ويجب أيضًا أن تشتمل هذه الدورات على نسبة مقدرة من التدريب في أخلاقيات المهنة، وتخصيص الجزء الباقي لمجال تخصص المحامي. لذلك فإن المسؤولية تقع عليك في المقام الأول في مواصلة التطوير والتأهيل، لا يمكن أن تُوكِل هذه المسألة حتى إلى شركتك أو إلى المكتب الذي تعمل فيه؛ إنها مسؤوليتك الشخصية.

لكنْ من حسن الحظ فإن التقنيات الحديثة والإنترنت قد جعلا المعرفة ليست حكرًا على العالم الغربي، وإنما أصبحتْ آفاق المعرفة متاحة للجميع بصورة غير مسبوقة في تاريخ البشرية. نحن الآن في عصر اقتصاد المعرفة، ولكنَّ هذا التطور الهائل يحمل معه تحديًا جديدًا هو التنافسية الشديدة بسبب توفر الفرص للجميع. لذلك فإن التطور المستمر بالنسبة إلى المحامي ليس ترفًا، وإنما هو مسألة مصيرية مثل الفرق بين الحياة والموت.

الكاتب الجيد هو قارئ جيد

لكي تكون كاتبًا بارعًا يجب أن تكون قارئًا بارعًا، لا بديل للقراءة في تحسين الكتابة القانونية. لا تحصرْ نفسك في الكتب القانونية فقط، وإنما يجب أن تشتمل قراءتك مجالات أخرى خارج نطاق القانون. وعليك اختيار الكتابَ المجيدين لكي تتعلم من أسلوبهم في الكتابة، ومن طريقة اختيارهم الكلمات وتنسيقها وترتيبها. يجب أن تكون القراءة عادةً يوميةً تستقطع لها نصيبًا من دخلك ووقتك. وقد يردُّ البعض بكثرة الأعمال والانشغال بالتزامات متعددة، لكنْ توجد طرق "لحشر" القراءة بين الأعمال التي تعملها، وإليك بعض الأمثلة التي يمكن أن تختار منها ما يناسب شخصيتك:

- إذا كنت قارئًا مبتدئًا فقد يكون من المناسب أن تستخدم أسلوب Bundling أو "الخلطة". أسلوب الخلطة هو أن تخلط شيئًا تحب عمله وشيئًا مهمًّا تريد أن تجعله كعادة دائمة مثل القراءة أو الرياضة. إذا كنت مثلي من مدمني القهوة فيمكنك أن تجعل المقهى المفضل الذي تذهب إليه لتناول قهوتك هو مكان للقراءة، بحيث تدمج متعة القهوة والقراءة، بمرور الوقت فإن عقلك الباطن سيربط القراءة بالمتعة حتى إن لم تكن القهوة حاضرة. إنها طريقة فعَّالة لخلق عادات حميدة.
- لا تغادر البيت دون كتاب في حقيبتك أو سيارتك. فإذا اضطررتَ إلى الانتظار في أي مكان أو في حالة تعديل أي موعد سبق لك تحديده فيمكنك اللجوء إلى كتابك في تلك الأثناء. مثلًا إذا كنت تنتظر دورك عند طبيب الأسنان فإن ساعات الانتظار يمكن أن تتحول إلى ساعات للقراءة.

- إذا كنت تقود سيارتك للعمل أو لشراء أغراض من محل البقالة فأنصحك ببرنامج (audible) وهو برنامج للكتب المسموعة يعمل على الهواتف الذكية والحاسوب. يمكنك سماع كتبك المفضلة في أثناء رحلتك اليومية للعمل، وإذا كنت بصحبة أشخاص آخرين فيمكنك استخدام سماعات الأذن، يوجد العديد من البرامج للكتب المسموعة، ولكني أرى هذا البرنامج أفضلها.
- يمكنك الاشتراك مع صديق أو زميل في جعل القراءة كهواية مشتركة، بحيث تتبادلون الحديث والآراء عن الكتب التي يقرأها كل منكما. وتتيح منصات التواصل الاجتماعي مثل فيسبوك ولينكدإن إمكانات لا تُحصَى للاشتراك في مجموعات ذات الاهتمام المشترك والاستفادة من خبرات وتجارب الآخرين.
- عليك بتخصيص مكان في البيت أو المكتب للقراءة، بحيث تتوفر فيه إضاءة مناسبة، ويكون بعيدًا عن المؤثرات والمشوشات؛ مثل: التلفاز والهاتف الذكي. عليك بإيقاف التنبيهات في الهاتف والحاسوب (حتى في حالة عدم القراءة)، لأنها تُشتِّت التركيز في أي عمل تعمله. من الأفضل أن تقرأ في المكان نفسه والموعد نفسه حتى تصل إلى مرحلة المهارة، وإذا رغبتَ في تغيير المكان كالقراءة في المقهى مثلًا فمن الأفضل أن يكون ذلك في أثناء قراءة الكتاب نفسه لكيلا ينفصل التأثير الذي تنوي تطويره.

الدورات والمؤتمرات المهنية

توفر الدورات المهنية فرصًا قيّمة لتطوير المهارات المهنية والمعرفية في شتى نواحي المعرفة القانونية. وبالنسبة إلى الكتابة القانونية فيمكنك أن تبدأ من أي مكان. ويوفر الإنترنت فرصًا لا تُحصَى للتعلم والتطوير، لكنْ سأذكر هنا بعضها على سبيل المثال لا الحصر:

- **لينكدإن**: توفر لينكدإن دورات في الكتابة بشتى أنواعها، ولكنها مشروطة بالاشتراك في حساب بريمير. إن الدورات التي توفرها لينكدإن تمثل استثمارًا ناجحًا في المعرفة.
- **موقع مونتربوكس (mentor box)**: هذا الموقع يُلخِّص أمهات الكتب في شتى المجالات المختلفة، مثل ريادة الأعمال وتطوير الذات وغيرها، ويقدِّمها للقارئ في شكل فيديوهات مختصرة.

في الغالب يقدِّم المؤلف نفسه الفيديو، لكنْ في بعض الحالات يفعل ذلك فريق العمل في الموقع. الموقع يوفر دورات متخصصة ومجموعات نقاش بالإضافة إلى الكتب. لتعرُّف المزيد مما يحتويه الموقع يمكنك زيارة الموقع:

https://get.mentorbox.com/flow.php?lp=FS-0006&source=BD&gclid=Cj0KCQjw0oCDBhCPARIsAII3C_FH1GBDC20D1yvQkWBih7BhxbqgQtVJG1Q7z5xhDc7koRttslyNzT4aAuw4EALw_wcB

- **موقع كورسيرا (coursera)**: هذا الموقع يوفر دورات من أعرق جامعات العالم؛ مثل: ستانفورد ودوك والينويس، وذلك بتكلفة زهيدة نسبيًّا. ولا يتطلب الاشتراك في هذه الدورات الحصول على شهادات سابقة، وإنما هي متاحة للجميع على الإنترنت. يمثل هذا الموقع ثورة في التعليم. يمكنك زيارة الموقع من خلال الرابط الآتي: https://www.coursera.org/

الدراسات الأكاديمية فوق الجامعية

تنفرد دولتا كندا والولايات المتحدة الأمريكية بنظام قانوني يفرض على طلاب القانون الحصول على شهادة جامعية من كلية لا تقل مدة الدراسة فيها عن ثلاث سنوات قبل الالتحاق بكلية القانون. وبذلك فإن الحصول على شهادة القانون من كندا والولايات المتحدة الأمريكية يُسمَّى Jurist Doctor أو شهادة JD اختصارًا. وقد يكون مردُّ ذلك إلى إدراك المشرعين في هاتين الدولتين ضرورةَ حصول المحامي على دراسة خارج إطار القانون لكي يُبنى العلم القانوني على علم منفصل في منحى آخر من مناحي الحياة، بحيث تتسع آفاق المحامي بما يجاوز عالم القانون.

وإذ إن الدول العربية لا تشترط مثل هذه الدراسات (حيث يُقبَل الطلاب في كليات القانون مباشرة من المدارس الثانوية) يتضح تعاظم حاجة المحامي إلى دراسة خارج إطار القانون حتى لا تكون معرفته ضيقة بحدود ما درسه في كلية القانون. إن عدم وجود دراسة خارج القانون تحرم المحامي من المعرفة التي يحتاج إليها لإكمال إدراكه للعالم من حوله، وكيف تسير الأمور خارج المهنة. لذلك فإنني أحثُّ جميع المحامين على الانخراط في الدراسة ونيل المعرفة خارج إطار القانون. ولكنَّ ذلك ليس مسألة سهلة لأنه خروج عن المألوف وعن المعتاد، فحين قررتُ أن أدرس دبلوم الإحصاء وعلوم الحاسوب بعد تخرجي في كلية القانون بجامعة الخرطوم، فقد قوبلت بعبارات استنكار من

بعض زملائي في الدراسة الذين اتهموني بتضييع وقتي في دراسة لن تفيدني كمحامٍ. وبعد أن أكملتُ دراسة دبلوم الإحصاء وعلوم الحاسوب درستُ الدبلوم العالي في إدارة الأعمال، فقد قوبلت بالتشكيك من البعض (والاستحسان من البعض الآخر) وكل ذلك بسبب أن هذه الدراسات ليست في مجال تخصص القانون.

ومن المهم ألا نغفل عن الدراسات في مجال القانون نفسه مثل دراسات الماجستير والدكتوراة، وهو طريق يسلكه العديد من المحامين لنقل معارفهم إلى درجة التخصص. وتوفر دراسات الماجستير فرصًا عظيمة للتعمق في مجال معين من مجالات القانون، وصولًا إلى مرحلة الخبرة. وقد يكون من المناسب أن يسبق الدراسة وقتٌ من التجربة العملية في مجال التخصص لكي يتعرَّف الطالب طبيعةَ المجال القانوني الذي ينوي التخصص فيه ويتلمَّس شغفه بهذا المجال، إذ إن الشغف وحب التخصص هما مفتاح الطاقة وسر النجاح، لأن الشغف يعمل مثل الشعلة التي تنير الطريق للطالب وتدفعه إلى بذل الوقت والجهد دون كلل أو ملل.

تعجُّ المكتبات العربية بمؤلفات ذات قيمة لقانونيين كانت نتاج دراسات لنيل درجة الماجستير والدكتوراة، إذ تتيح الدراسة المتخصصة لمثل هؤلاء القانونين الفرصة لاكتساب المعارف القانونية بصورة أكثر عمقًا، ويتاح للطالب صقل مهارات البحث العلمي والنقد المعرفي تحت إشراف أساتذة أكاديميين متخصصين بحيث يكون باحثًا محترفًا ومتعلمًا قبل أن يكون عالمًا.

الاهتمام بالمظهر الاحترافي

قد يرى البعض أن الحديث عن المظهر في كتاب يتناول الكتابة القانونية هو حديث في غير محله، أو أن الحديث في هذا الموضوع فيه نوع من السطحية. لكنْ لا يكتمل الحديث عن النجاح المهني دون التطرُّق إلى المظهر الاحترافي للمحامي أمام المحكمة وأمام موكليه. لذلك فلا عجب أن قواعد مهنة المحاماة في جميع الدول تفرض زيًّا خاصًا للمحامين الذين يظهرون أمام المحاكم. وبالنسبة إلى مظهر المحامي أمام موكليه وأمام المجتمع، فإن أهمية المظهر تنبع من طبيعة المهنة التي تتطلب حصول المحامي على ثقة موكله. وإذ إن الموكل في الغالب لا يستطيع الحكم على المهارة القانونية

للمحامي فإن عقله يلجأ إلى طريقة أخرى يستطيع فعلها، وهي الحكم على مظهره الخارجي وطريقة لباسه. فإذا كان لباس المحامي يتفق وما تعارف عليه الناس من قواعد اللباس فإن عقل الموكل يستنبط من ذلك أن المحامي يدرك قواعد القانون كما يدرك قواعد اللباس السليم. وقد يبدو هذا المعيار ظالمًا أو فيه إخلال، ولكنَّ ذلك لا يُغيِّر من واقع الأمر كثيرًا، وعليك الاستعداد للأمر. عندما كنتُ أدرس في كلية القانون بجامعة تورنتو بكندا، رتبت إدارة البرنامج الذي كنت أدرسه (وهو برنامج مهني للمحامين الذين درسوا القانون خارج كندا) ورشةً قدمتْها متخصصة في علوم الموضة درَّست لنا فنونَ اللباس الرسمي للمحامين في جميع المناسبات، وكيف نختار الملابس والإكسسوارات المناسبة، وسأستخدم تلك المعرفة في تقديم النصائح الآتية:

اللباس للمحامي: تذكر بأن لباس المحامي هو لباس رسمي (formal attire)، ولذلك عليك الاستثمار في نوعية جيدة من السترات، على أن تكون السترة والبنطال من النسيج نفسه. يجب أن تحرص على اتساق السترة وقياس جسمك، بحيث لا تبدو ضيقة أو واسعة. اخترِ الألوان الرسمية، وهي الأسود والرمادي والأزرق (بدرجاتهم المختلفة) وتجنب الألوان الصارخة ومنها الأبيض.

بالنسبة إلى القميص، يتربع القميص الأبيض بالأكمام الطويلة على رأس قائمة اللباس الرسمي. لكنْ يمكن أن يكون القميص من لون البدلة نفسه، لكنْ في درجة فاتحة لإضفاء التناسق. ثم إن اللون الأزرق الفاتح والبيج هما خياران مناسبان عمومًا.

بالنسبة إلى ربطة العنق فيمكن أن تكون من لون البدلة نفسه، وتظل الألوان الرسمية هي الأسود والأزرق والبني، ويضفي التقليم على ربطة العتق مظهرًا يتسم بالأناقة. يقول البعض بأن اللون الأحمر يُوحي بالشغف، ولذلك فإن ربطة العنق باللون الأحمر (خاصة المُقلَّم) تُعَدُّ خيارًا مناسبًا.

بالنسبة إلى الحذاء فإنني أنصح باختيار حذاء مُقفَل ومن نوعية جيدة ضمن اللونين الأسود والبني، وأنصح أن تكون الجوارب من لون الحذاء نفسه لأن ذلك يضيف مظهرًا احترافيًّا. تجنَّب الأحذية المفتوحة والصندل والأحذية الرياضية وما شابهها لأنها ليست رسمية.

بالنسبة إلى حزام البنطال فإنني أفضل اللون الأسود لسهولة تناسقه مع الحذاء (لا بأس من أن يكون من لون البنطال نفسه). ويجب أن يكون من الجلد المخصَّص للباس الرسمي، وتجنب الحزام العريض الذي يتناسب مع الجينز.

الإكسسوارات: قد تحتاج في أثناء الاجتماعات إلى أن تخرج محفظتك لغرض ما، لذلك عليك الاستثمار في محفظة جلدية من نوع جيد. إن استخدام دبوس ربطة العنق ليس إلزاميًّا، لكنْ إذا رغبتَ في ذلك فعليك مراعاة نوعية الدبوس الذي كثيرًا ما يكون باللون الفضي اللامع. والحكم نفسه ينطبق على منديل جيب السترة، فهو ليس إلزاميًا، ولكنه يُضفي مظهرا أكثر رسمية. إذا رغبتَ في ارتداء منديل الجيب فعليك مراعاة التناسق مع لون السترة، وفي الغالب يكون اللون الأبيض خيارًا معقولًا.

بالنسبة إلى الشعر واللحية فعليك بقص شعرك بانتظام وتجنب الشعر الطويل غير المشذب أو المتسخ. وإذا اخترت أن تطلق لحيتك فاحرص على تشذيبها بعناية.

وبصفة عامة يجب أن يكون اللباس نظيفًا غير مجعَّدٍ وخاليًا من البقع، وعليك بالاهتمام بالنظافة الشخصية لتجنب أي رائحة غير مستحبة من الجسم أو الفم، وعليك بتقليم الأظفار وعدم ترك بقع تحتها. في الدول العربية عامة يُعتبر وضع العطر مسألة مستحبة (لكنْ في دول أخرى مثل كندا فإن وضع عطر قد يعد مسألة مستهجنة بسبب الخوف من أن يسبب العطر القوي حساسية لبعض الناس).

اللباس للمحامية: قد تختلف هذه القواعد باختلاف الدول العربية وثقافاتها المحلية، خاصة في حالة لباس السترة. وبصفة عامة على المحامية التزام قواعد اللباس المحتشم والتقيُّد بالقواعد التي تضعها جمعية المحامين بخصوص اللباس.

الاهتمام بالصحة الجسدية والعقلية

لن يكتمل الحديث عن التطور المستمر دون التطرق إلى الحديث عن الاهتمام بالصحة، فالعقل السليم في الجسم السليم كما يقال. إن الاهتمام بالرياضة والتغذية السليمة ونيل القسط الكافي من النوم والابتعاد عن العادات المضرَّة بالصحة هي كلها من البديهيات التي يجمع عليها علماء التغذية والأطباء بشكل عام. لكنْ يرى Amiram Elwork, Ph.D. في كتابه (Stress Management for Lawyers) أن مهنة القانون تتميز عن سواها بوجود ضغوط إضافية تنبع من طبيعة المهنة التي تتعامل مع المشكلات بمختلف أنواعها، وبسبب طبيعة ممارسة بعض أنواع القانون (Elwork، 1997، صفحة 19). إليك فيما يأتي استعراضًا لأهم المبادئ التي يجمع عليها الخبراء:

(أ) الرياضة والطعام الصحي

لقد تناولنا في باب مهارة الإعداد مفهوم العادات، وكيف يمكن أن تطور عادات جيدة وتتخلص من العادات السيئة؛ مثل: التدخين، والسهر وغيرها، وقد حان الوقت لتطبيقها بشكل أكبر في مجال الصحة الجسدية من خلال تكوين عادات صحية وتخصيص وقت للرياضة ومراقبة الطعام الذي تتناوله وجودة ساعات النوم وكميتها. وبحسب تجربتي فإن البداية عادة هي أصعب جزء، لذلك عليك البدء بصورة صغيرة ثم الزيادة التدريجية في العادات المتعلقة التي تريد تبنيها مثل الرياضة.

(ب) تكوين الصداقات

إن تكوين صداقات داخل مهنة القانون وخارجها مسألة مهمة للنجاح في مهنة القانون، إذ تشير الأبحاث والتجارب إلى أهمية الصداقة في حياتنا المهنية والشخصية. لكنْ يجب الحذر في اختيار هذه الصداقات من خلال مراقبة تأثيرها في حياتك، وقد صدق رسول الله (صلى الله وعليه وسلم) في الحديث الذي رواه أبو موسى الأشعري حين قال: "**إنما مثل الجليس الصالح وجليس السوء كحامل المسك ونافخ الكير. فحامل المسك إما أن يحذيك وإما أن تبتاع منه وإما أن تجد منه**

ريحًا طيبةً. ونافخ الكير إما أن يحرق ثيابك وإما أن تجد منه ريحًا منتنةً"، [متفق عليه]. فعليك بالصديق الذي تكون صداقتك به كحامل المسك.

(ت) كتابة الخواطر والتفكُّر

من الطرق الجيدة التي أفادتني هي كتابة الخواطر، وهي عملية التفكر في مجريات الأحداث اليومية والمجريات التي تمر بها عمومًا وتسجيل أفكارك وشعورك حيال هذه الأحداث بغرض الرجوع إليها من حين إلى آخر لإعادة التقييم والتعلم من الدروس وملاحظة العِبَر. لا تحتاج هذه الطريقة إلا إلى دفتر وقلم وعقل مستعد. وإذا كنت تفضل الكتابة في الحاسوب فلا بأس من ذلك، ولكني أفضل الكتابة باليد، ربما بسبب العادة، وربما بسبب الشعور الذي تُثيره حركة القلم بين الأصابع.

(ث) الإيمان بالله

إن تقوية العَلاقة مع الخالق والإيمان بالله من المسائل التي لها تأثير كبير في النواحي النفسية، لأن الإيمان يبعث على الطمأنينة والسكينة والتوكل على الخالق في كل أمور الحياة، وقد أجمع الخبراء (من بينهم غير المسلمين وغير المتدينين) بأهمية الإيمان في حياتنا.

صياغة رسالتك في الحياة (Mission Statement):

في كتابه أدوات الكتابة (Writing Tools, 50 Essential Strategies for every Writer) يدعو المؤلف روي بيتر كلارك إلى صياغة رسالتك الأساسية لحياتك المهنية بوصفك كاتبًا، ولكل كتاب أو عمل تعمله (Clark، Writing Tools, 50 Essential strategy for Every Writer، 2006). في هذه الرسالة تُعبِّر عن الهدف الذي تسعى لتحقيقه من الكتابة، بحيث تكون المُسوَّدة مصدر إلهام ومصدر تحفيز داخلي يلهب حماسك للتقدم والسعي إلى الأمام في مسيرتك المهنية أو في العمل الذي تعمله.

إن صياغة رسالتك أو مهمتك الأساسية تبعث في النفس الإصرار والعزيمة، لأنها ترتبط بالغايات الكبرى لحياتك، والمصير الذي تسعى للوصول إليه، ومن ثَمَّ تُشكِّل هذه الرسالة البُوصْلَة التي تهديك إلى الصراط المستقيم في مساعيك المهنية. لقد أجمع الخبراء على أن كتابة الأهداف هي

خطوة فعَّالة في طريق تحقيقها، إذ إن عملية الكتابة تُنشِّط في العقل الباطن إمكانات خاملة بسبب عدم وضوح الرؤية، ولكنَّ الكتابة تنفضُ عنها الغبار وتبعث فيها روح الحيوية والنشاط، فتعمل قوى العقل الباطن على مدِّك بالأفكار وبالطاقة وبالنشاط لكي تعمل بجد على تحقيق أهدافك التي كتبتها. فإذا أردتَ تحقيق أي هدف أو أردت النجاح في أي مسعى أو أردت زيادة عزيمتك فعليك بكتابة أهدافك، وعليك بكتابة الأسباب وراء أهدافك، أي بمعنى آخر لماذا تريد تحقيق هذه الأهداف. إن وضوح الأسباب في ذهنك يزيد من تصميمك على تحقيق هذه الأهداف.

الخلاصة

تتعلق المهارة الخامسة بالعملية الأخيرة في عمر المستند، وفي هذه المرحلة تتقمص المخرج السينمائي الذي يُعنى بإخراج المستند إلى العالم. في هذه المرحلة عليك بالنظر إلى الاستخدامات المتعددة للمستند وطريقة عرضه ليتناسب مع الاستخدامات المختلفة لهذا المستند. وحتى بعد إرسال المستند إلى المتلقي فإن عليك العمل على حفظ نسخة من المستند بطريقة تُسهِّل الرجوع إليه كلما دعت الحاجة، وعليك جعله قابلًا للاستخدام في مجالات أخرى في المستقبل بحيث تتحقق الاستفادة القصوى من الجهد الذي بذلته في صناعة هذا المستند. إن كل مستند تصيغه يمثل استثمارًا وفرصة للتطور ومن خلال تكوين مراجع من هذه المستندات يمكنك تطوير مهارات الصياغة القانونية، مع الاستخدام الأمثل لمواردك من الوقت وغيرها من الموارد.

يقول داريل رويال: "الحظ هو ما يحدث عندما يلتقي الاستعداد والفرصة" (آندرسون، 2008، صفحة 134)، لذلك فإن الاستثمار في عمليات التطوير والتعلم هو أهم استثمار تستثمره في حياتك، وعليك بعمل إستراتيجية للتطور المهني والاهتمام بالنواحي الصحية والنفسية.

تمرين المهارة الخامسة

مهارة الإخراج

في هذه المهارة تعلمتَ مهارة الإخراج وتعلمتَ أهمية التعلم المستمر. باسترجاع جميع المهارات التي تعلمتَها حتى الآن، أجب عن الأسئلة التالية والتمارين الموضحة أدناه.

1. اعصف عصفًا ذهنيًّا للمواضيع والنواحي التي يمكنك استخدام مهاراتك في الكتابة (قد يكون ذلك كتابة مقالات في مواضيع تهمك/ تصميم دورة/ كتابة أدبية/ تأليف كتاب... إلخ).

2. أعدد خطة للاستثمار في التعليم مع تحديد ميزانية شهرية تنفقها في التعليم.

3. اكتب رسالة إلى نفسك بعد أن تتخيل مرور عام من الآن. في هذه الرسالة تخيل الإنجازات التي حققتَها بفضل تطويركَ مهارات الكتابة وضمِّن في رسالتك الآتي:

(أ) تفاصيل المنافع والأشياء الرائعة التي تستمتع بها من الناحية المالية، والإشباع النفسي والتأثير الذي تحدثه في المجتمع من حولك (أبحِرْ في الخيال بقدر ما تستطيع لأنك بذلك تضع الخطة التي سيعمل عليها عقلك الباطن لتحقيقها).

(ب) اذكر الأشياء التي تخاف من حدوثها وجميع مخاوفك الحالية التي تَبيَّن لك عدم صحتها بعد مرور عام. اكتب جميع المخاوف التي تخطر على بالك ثم أخبر نفسك في الرسالة أن هذه المخاوف اتضح أنها غير حقيقية ولم تحدث إطلاقًا.

(ت) اذكر في رسالتك 3 من العادات الجديدة التي اكتسبتَها وكيف غيَّرت حياتك إلى الأفضل.

(ث) اذكر في رسالتك 3 من العادات الضارة التي تخلصت منها، وكيف جعلت حياتك تسير إلى الأفضل.

4. اكتب لنفسك شهادة تهنئة بالإنجازات التي تحلم بتحقيقها وضعْ تاريخًا على هذه الشهادة ووقعْ عليها. ستعمل هذه الشهادة على تحفيزك للتقدم، لذلك علِّقها في مكان بارز ليمكنك رؤيتها بصورة مستمرة.

الخاتمة

لقد وصلتَ الآن إلى خاتمة المطاف، وأحب أن أُجزِل لك الشكر والتقدير والتهنئة على هذا الإنجاز. سأقدم في الآتي تلخيصًا مختصرًا للمهارات الخمس. في الكتاب الثاني سأقدم لك تطبيقات على هذه المهارات ثم أطرح عليك بعض الأبواب التي يمكنك طرقها لكي تفتح لك آفاقًا جديدةً ومصادر جديدة للدخل وللتطور في حياتك المهينة.

ملخص المهارات الخمس

1. مهارة الإعداد والتخطيط

في بداية الرحلة بدأنا بالمحطة الأولى، وهي مهارة الإعداد والتخطيط متقمصين شخصية المبدع/ المجنون. لقد تناولنا مهارات التعلم والتطور المهني من خلال إدراك أهمية وضع الأهداف وكتابتها لكي تقودنا هذه الأهداف إلى تحقيق ما نصبو إليه. وتعلمنا الطرق الكفيلة بتحقيق هذه الأهداف من خلال تعلم كيف يعمل الدماغ البشري وفهم مكوناته. ثم تحدثنا عن العادات وكيف تُشكِّل تصرفاتنا وأفعالنا، وتحدثنا عن المعتقدات وكيف ترسم حياتنا وحركاتنا، ثم تعلَّمنا كيف نُسخِّر العادات والمعتقدات لخدمة أهدافنا المهنية والشخصية. وختمنا هذه المهارة بتمارين تساعد على ترسيخ هذه المهارة وتعميق أثرها في حياتنا.

2. مهارة البحث والتحليل

في المهارة الثانية تحدثنا عن مهارة البحث والتحليل، وتعرَّفنا أساليب البحث القانوني وتكتيكاته. لقد عرفنا أن البحث والتحليل يبدآن من إدراك الوقائع (القصة) من خلال تقصِّي هذه الوقائع

وفهم أبعادها. ثم بعد ذلك تحدَّثنا عن كيفية تحديد القانون الذي يحكم هذه الوقائع بغرض إنزال القانون عليها، وتحليل هذه الوقائع في ضوء القانون الذي يحكمها. إن التحليل القانوني السليم للوقائع سيمدنا بخريطة الطريق لبناء الحجج والدفوع التي نستند إليها في صياغة المستند الذي نعمل عليه في أثناء العمل في المهارة الثالثة.

3. مهارة الصياغة والكتابة

في المهارة الثالثة تناولنا مهارة الصياغة والكتابة القانونية. لقد تعلمنا أن المستند يتأثر بالشكل والموضوع، وتعلمنا كيف نُعظِّم تأثير المستند من خلال فهم أسرار هاتين المسألتين. إن الاهتمام بالشكل يعني فهم توقعات القارئ للمستند والاستجابة لهذه التوقعات بصورة تخدم الغرض من صياغة المستند، إذ إن توقعات المستند تبدأ بجعل عملية القراءة سهلة على عين القارئ ولا تستهلك طاقة زائدة من عقل القارئ من خلال الإطالة أو التعقيد. وبالنسبة إلى موضوع المستند فقد تناولنا المهارات المتعلقة باختيار الكلمات وترتيبها، واختيار الجمل وتنسيقها، واختيار الفقرات وتنظيمها، وكل ذلك بغرض الوصول بالمحتوى إلى أقصى غايات الوضوح والإقناع، مع الحفاظ على روح أناقة العرض وجزالة اللفظ.

4. مهارة المراجعة والتدقيق

في المهارة الرابعة تقمَّصنا شخصية المحقق ومارسنا مهارة التدقيق والمراجعة. لقد تعلَّمنا أن نبدأ بمراجعة هيكل المستند ومقارنته والخطة التي وضعناها عندما كنا نتقمص شخصية المهندس المعماري. ثم دلفنا إلى مهارات التدقيق اللغوي وتدقيق تفاصيل المستند لنتأكد من خلوه من الأخطاء والهنات. لقد تعلمنا أهمية تنقيح المستند وعرضه على الآخرين بغرض استطلاع رأيهم وتسلُّم التغذية الراجعة التي تعيننا على تجويد المستند ورفع مستوى تأثيره.

5. مهارة الإخراج

في المهارة الأخيرة تقمَّصنا شخصية المخرج السينمائي الذي يُخرج المستند إلى العالم من خلال المهارة الخامسة وهي مهارة الإخراج. في هذه المهارة تحدثنا عن مصير المستند وكيف نتصرف به بطريقة تُعظِّم تأثيره في المتلقي مع الاستفادة من الوقت الذي بذلناه في المراحل السابقة بغرض الاستفادة من هذا المستند في أعمال جديدة تعود علينا بالنفع. لقد تعلمنا أهمية الأرشفة وإعداد النماذج التي يمكن إعادة استخدامها، كما تعلَّمنا أهمية الاهتمام بالشكل النهائي للمستند. سنتناول الآن الأبواب الجديدة التي يمكنك خلالها استخدام هذه المهارات.

الجزء الثاني

الأمثلة التطبيقية

مقدمة

في الجزء الأول من الكتاب تناولنا العادات والمهارات الخمس التي عليك تنميتها لمساعدتك على الصياغة القانونية، بحيث تصبح هذه العادات بمنزلة الخريطة التي تقودك في أثناء الصياغة.

في الجزء الثاني من الكتاب سنتناول أمثلة عملية وتطبيقية للمستندات الأكثر شيوعًا واستخدامًا بين المحامين. ولكسب الوقت فسنفترض أنك أجريت جميع أعمال التخطيط والبحث والتحليل، وقد وصلتَ إلى مرحلة الصياغة، عليه فإن المستندات التي سنتناولها في هذا الكتاب هي كالآتي:

1. صياغة صحف الدعوى والمذكرات
2. صياغة الاستشارات القانونية
3. نماذج صحيفة الدعوى

الباب الأول

صياغة صحف الدعاوى والمذكرات

صياغة صحف الدعاوى والمذكرات

مقدمة

المقصود بصحيفة الدعوى هو المذكرة المكتوبة التي يُقدِّمها المتقاضي للمحكمة يشرح فيها مطالبته، ويطلب من المحكمة إصدار حكم لمصلحته.[19] في هذا الباب لن أخوض في الدعاوى الجزائية، بل سينحصر الحديث عن الدعاوى المدنية بمعناها العام الذي يشمل أي دعوى غير جزائية. في الغالب فإن قانون الإجراءات المدنية[20] يُنظِّم طريقة تقديم صحف الدعوى ومشتملاتها، لذلك فعليك الرجوع إلى القانون الذي ينظم صحيفة الدعوى في القُطر الذي تمارس فيه، للتأكد من التزام متطلباتها، لكنْ في هذا الباب سأستعرض الجوانب العامة للصحيفة، التي تصلح لجميع الدعاوى غير المدنية بصرف النظر عن القُطر الذي تمارس فيه.

أطراف الدعوى:

تحديد أطراف الدعوى من المسائل الجوهرية في التقاضي[21]، وقد يبدو هذا الأمر من البديهيات في ظاهره، لكنْ في الواقع فإن له أهمية قصوى. فمثلًا قد يكون الموكل قد تعاقد مع شركة عالمية معروفة (أو هذا ما يظنه الموكل) ولكنَّ فحص المستندات بعناية قد يُبين أن التعاقد كان مع شركة محلية تابعة وليس مع الشركة العالمية المعروفة، ومن ثَمَّ فإن الخطأ في تحديد أطراف الدعوى قد

---

[19] انظر إلى المادة (64) من قانون الإجراءات المدنية والتجارية العماني التي توضح مشتملات صحيفة الدعوى والتي تشمل أسماء الخصوم وعناوينهم وتاريخ تقديم الصحيفة واسم المحكمة ثم وقائع الدعوى وطلبات المدعي وأسانيدها.

[20] انظر على سبيل المثال إلى قانون الإجراءات المدنية والتجارية العماني الصادر بالمرسوم السلطاني رقم 2002/29.

[21] المادة (64) من قانون الإجراءات المدنية والتجارية العماني المرجع نفسه.

يؤدي إلى رفعها على طرف ليست له صفة في الدعوى. قد يكون أطراف الدعوى من الأشخاص الطبيعيين (البشر) أو الأشخاص الاعتباريين (مثل الشركات).

وبالنسبة إلى الشركات محدودة المسؤولية فعلى المتقاضي أن يدرك أن الذمة المالية للشركة منفصلة تمامًا عن الذمة المالية للشركاء. ومن ثَمَّ فإن لم يكن للشركة أموال يمكن التنفيذ عليها، فإن رفع الدعوى وكسبها قد لا يجلب أي منفعة حقيقية بسبب استحالة تنفيذ الحكم لعدم وجود أموال كافية تُستَخلص منها قيمة الحكم الذي حصلتَ عليه. ويكون الحكم بعكس ذلك إذا كانت الشركة من شركات التضامن التي تجعل الشركاء مسؤولين عن ديون شركتهم في أموالهم الخاصة.

وقد يكون الحق المتنازع فيه تحت سيطرة طرف ثالث، ولذلك فقد يكون من الحكمة اختصام هذا الطرف بغرض إلزامه بتسليم الحق المتنازع فيه أو تنفيذ العمل المطلوب، وتظهر أهمية مثل هذه الحالات في نزاعات قانون القضاء الإداري، وهو الفرع من القانون الذي تكون فيه الدولة أو إحدى مؤسساتها طرفًا في النزاع.

عند فحص العقود المُبرَمة بين الأطراف، فعليك النظر إلى الالتزامات التعاقدية، ومعرفة أكانت هناك جهة ضامنة لهذه الالتزامات بغرض دراسة اختصامها في الدعوى.[22] وعلى العكس من ذلك فقد توجد منفعة إستراتيجية في استبعاد خَصْم من المنازعة بسبب أن ضمه إليها سيؤخر الفصل في الدعوى، أو يعطل الإجراءات، مثل كون هذا الخَصْم ناقص الأهلية أو قاصرًا أو يقطن في مكان يصعب إعلانه.

في مسائل دعاوى المسؤولية التقصيرية، فإن تحديد أطراف الدعوى يكتسب أهمية خاصة بسبب احتمالية تشعُّب الدعوى في حالة اشتراك أكثر من طرف في تسبيب الضرر، ومن ثَمَّ قد توجد حاجة إلى إدخال جميع الأطراف المتورطة في إحداث الضرر كخصوم في الدعوى لزيادة رقعة الجهات التي يمكن التنفيذ ضدها. لكنْ في مثل هذه الحالة قد تكون الملاءة المالية لطرف ما سببًا في جره إلى دعاوى دون مُسوّغ سوى معرفة الخَصْم بقدرة هذا الخَصْم على الدفع، أو استعداده

[22] انظر إلى المادة (118) من قانون الإجراءات المدنية والتجارية العماني.

للتسوية بغرض تفادي المنازعات، وهي حالات قد تدخل ضمن نطاق التعسف في استعمال حق التقاضي.

بعد أن حددتَ أطراف الدعوى فإن عليك تسهيل مهمة إعلانهم[23]، لذلك فإن عليك الاهتمام بتقديم عنوان صحيح يسهل معه إعلانهم. وفي الغالب يحدد قانون الإجراءات المدنية طرق الإعلان البديل في حالة تعذر إعلان الخَصْم، وذلك من خلال الإعلان في الصحف أو غيرها. لكنْ في كل الأحوال فإن تقديم عنوان صحيح للخَصْم يضمن أن تكون الخصومة قد انعقدت بوجه صحيح، بحيث يتاح للخَصْم الرد عليها، وتفادي إصدار أحكام معيبة بسبب عدم إعلان الخَصْم بصورة قانونية.

ملخص الدعوى:

إن تقديم ملخص للدعوى في بداية الصحيفة هو مسألة غير معروفة بين معظم المحامين في الدول العربية، ولكنها تقليد راسخ لدى العديد من دول القانون العام. في مقاله بعنوان (It's English, But What is you Point? Writing Factums That Even a Judge Can Understand) يقول القاضي مارشال روستين بضرورة تضمين نبذة مختصرة في الصحيفة، لأنها تعطي القاضي الفرصة لفهم الإطار العام للدعوى قبل مناقشة تفاصيلها، ويقترح القاضي روستين أن تكتب كأنها قصة ترويها لجارك، كناية عن ضرورة أن تكون مبسطة دون استخدام المصطلحات القانونية المعقَّدة. وهذا الرأي يقول به المحامي (Spence، 1995) إذ يرى ضرورة تقديم الدعوى في شكل قصة مُعبِّرة بدلًا من العبارات القانونية الجافة التي تعج بها صحف الدعاوى.

---

(23) تنص المادة (64) من قانون الإجراءات المدنية العماني على ضرورة تقديم موطن المدعَى عليه، فـ00ان لم يكن له موطن معلوم فعلى المدعي تقديم آخر موطن للمدعى عليه.

إن الفائدة التي تضفيها فقرة ملخص الدعوى أنها تعمل كمقدمة تشرح الدعوى بصورة موجزة بدون إخلال، ولكنها تتضمن أساس الدعوى بصورة كافية، بحيث تُجهّز القاضي للغوص في تفاصيل الوقائع ونقاشات الدعوى.

وقائع الدعوى

تُعبّر وقائع الدعاوى عن مجريات الأحداث التي وقعت والتي تستند إليها في تشكيل الصحيفة.[24] ويجب اختيار الوقائع المرتبطة بالدعوى فقط، بحيث تستبعد التفاصيل التي لا تهم الدعوى. ويجب اختيار الوقائع بشكل يخدم قضيتك بالتركيز على النقاط التي تدعم نظريتك في الدعوى، وإبرازها بصورة واضحة للقاضي. ويكون الشكل الغالب في صياغة الوقائع هو التسلسل الزمني من الوقائع الأقدم إلى الأحدث. إن الإفراط في التفاصيل غير محمود لأنه يُشتّت تركيز القاضي.

ترقيم الأدلة

في أثناء سرد وقائع الدعوى يكون من المفيد أن تدعم الوقائع بالأدلة المناسبة مع ترقيمها لكي يسهل الرجوع إليها. إن الترقيم المنطقي السليم للأدلة يسهل الإشارة إليها في جميع مراحل الدعوى ويجعل الكتابة سلسة وسهلة المتابعة، لذلك عليك العناية بترقيم الأدلة مع كتابة جدول بالأدلة في نهاية الصحيفة.

صياغة العناوين الجانبية

لقد تناولنا مسألة اختيار العناوين الجانبية ضمن الحديث عن مهارة الصياغة والسبب أن العناوين الجانبية تكسر رتابة الصياغة وتضيف الحيوية والوضوح إلى الكتابة. لذلك عليك اختيار عناوين جانبية لفقرات الوقائع وجميع أجزاء صحيفة الدعوى. يقسم العنوان الجانبي النص إلى أجزاء مُنسّقة يسهل فهمها ومتابعتها والرجوع إليها، كما تُذكِّر العناوين بالنقاط الرئيسة في الموضوع. فعندما يريد القاضي مثلًا مراجعة نقطة معينة في الصحيفة فإن العنوان الجانبي

[24] انظر إلى المادة (64) من قانون الإجراءات المدنية والتجارية العماني.

يرشده إلى المِنْطَقة التي يجد فيها المعلومة التي يريدها بسهولة ويسر. يجب اختيار العنوان الجانبي بعناية لكي يُعبِّر عن محتوى الفقرة التي تليه، ولا بأس من إضافة عنصر التشويق إلى العنوان بغرض إضافة نكهة مُلطِّفة، خاصة إذا كان المحتوى جافًّا ومعقدًا.

إن صياغة العنوان الجانبي في صيغة الفعل المضارع تضفي حيوية على النص، لأن الفعل المضارع يحمل معنى الاستمرارية والحركة، وكلها معاني تُضفي عنصر الديناميكية على النص وتجعله نابضًا بالحياة والفعَّالية.

إنزال القانون على الوقائع

بعد أن سردتَ وقائع الدعوى، عليكَ الآن إنزال القانون الذي ينطبق على هذه الوقائع، بحيث يقود ذلك السرد إلى تحليل منطقي يخلص إلى النتيجة التي تنادي بها. وقد سبق أن ذكرنا أن القانون ينقسم من حيث المصدر إلى المصادر الأولية للقانون مثل التشريعات القانونية (والسوابق القضائية التي رسَّختها المحاكم العليا وفق نظام القانون العام). أما المصادر الثانوية فهي أقوال الفقهاء وتحليلاتهم وآراؤهم الفقهية. وحينما تستدل بمادة من القانون فإن عليك أن تمهد لذلك بخلفية مناسبة تضع المادة التي تستدل بها ضمن السياق المناسب للكلام، لكي يسهُل على القارئ الربط بين الوقائع وبين هذه المادة بصورة سلسة ومنطقية. وهي مسألة يغفل عنها بعض المحامين المبتدئين حيث يُقدِّمون قائمة من مواد القانون وسوابق قضائية دون أن يسبقها أو يتخللها أي تمهيد يجعلها مرتبطة بوقائع الدعوى ومنتجة فيها، فتكون النتيجة أن تتخطاها عين القارئ دون أن تقف عندها، لأن الكاتب لم يكلِّف نفسه عناء توضيح الرابط بين هذه المواد وبين الوقائع، وإنما ترك عبء هذا العمل على القارئ المسكين، فيكافئه القارئ بتجاهل هذه الفقرات.

وينصح برايان جارنر "بغزل" الاقتباسات وتضمنيها داخل الفقرات بحيث تُشكِّل نسيجًا متناسقًا، بحيث عليك أن تدفع بحجة أو قول معين ثم تترك للمادة القانونية أن تدعم هذه الحجة التي سُقتها أو القول الذي جئت به. وحين تُورِد المادة القانونية في مذكرتك فلا بأس من إيراد الفقرات

التي تدعم حجتك فقط، والاكتفاء بنقاط تشير إلى الكلمات أو الفقرات المحذوفة مثل (...). ويلجأ الكثير من الكتاب القانونيين إلى تظليل الفقرات التي تدعم حجتهم بحيث تظهر أوضح عما سواها.

إن الغرض من إنزال القانون على الوقائع هو تقديم شرح منطقي للقانون بحيث يؤدي ذلك إلى إقناع المحكمة بأن القانون يدعم حجة موكلك وموقفه من خلال استعراض كيف تتوافق هذه الوقائع التي سردتها وأحكام القانون الذي ينطبق عليها، ومن ثَمَّ فإن على المحكمة أن تؤيِّد موقف موكلك لأن المحكمة معنية بتطبيق القانون.

إن صياغة المذكرة في شكل قصة متكاملة يجعل المذكرة سهلة الفهم على المتلقي وأكثر قابلية للتصديق. ومهما كان الأسلوب الذي تتخذه في إنزال القانون على الوقائع فإن الغاية لا تتغير، وهي إقناع المحكمة بوجاهة موقف موكلك وأحقيته من حيث القانون وقواعد العدالة من خلال تقديم الحجج والدفوع التي تشرح موقف موكلك في الدعوى. دعني الآن أُذكِّرك بأسلوب جارنر في طرح الحجة وذلك وَفْقَ الآتي:

أساس قانوني (تسبيب من القانون)

أساس من الوقائع (تسبيب من الوقائع)

خلاصة واستنتاج

اعتراض محتمل 1

رد على الاعتراض 1

اعتراض محتمل 2

رد على الاعتراض 2

تدعيم إضافي للمسألة

خاتمة

فحين نتناول المسؤولية التقصيرية مثلًا، فإن القانون يتمثَّل في تحديد أركان أو عناصر المسؤولية وهي: (أ) وجود التزام (مثل التزام عدم الإضرار بالغير) (ب) عنصر الخطأ (ج) تسبيب ضرر للغير (د) عَلاقة السببية بين الخطأ وبين الضرر الذي وقع. وعليه يكون التحليل القانوني من خلال توافر هذه الأركان في المسألة المطروحة أو عدمها، فإذا أثبتت توافر العناصر فقد ثبتت المسؤولية، وإذا أُثبِت تخلف أحد العناصر أو جميعها فقد انتفتِ المسؤولية. فمثلًا إذا كان جار موكلك قد طرح مخلفات زيت سيارته في الشارع دون أن يضعها في المكان الصحيح فقد توفَّر العنصر الأول، وهو مخالفة التزام عدم الإضرار بالغير، وتوفَّر الركن الثاني من خلال طرح الزيت في الشارع من خلال الإهمال، فإذا تصادف أن ابن جار موكلك كان يمرُّ في الطريق بدراجته وتعثر في الزيت المطروح وتكسرت الدراجة، فقد تحقَّق عنصر الضرر المتمثل في تحطم الدراجة. وإذ إن تحطم الدراجة كان بسبب الزيت الذي طرحه جار موكلك فإن خسارة الدراجة كانت نتيجة الخطأ الذي

ارتكبه جار موكلك، وعليه فقد توافرتْ جميع الأركان المطلوبة للمسؤولية التقصيرية (التزام ضمني بعدم الإضرار بالغير + خطأ + ضرر+ عَلاقة سببية)، وأصبح جار موكلك مسؤولًا عن تحطم الدراجة، وعليه دفع ثمنها أو تقديم دراجة بديلة.

أما إذا كنت تمثل الجار، فقد يكون عليك إثبات عدم توافر هذه الأركان بحق موكلك. فمثلًا قد تسعى إلى إثبات أن الذي طرحه موكلك لم يكن زيتًا وإنما خليط من الزيت والماء يجعله يتبخر بمجرد ملامسة الأرض. أو قد تدفع بعدم وجود التزام لأن موكلك طرح الزيت داخل أرضه وأن ابن الجار كان متعديًا حينما دخل بدراجته داخل منزل موكلك دون إذن. أو أن سقوط الدراجة كان بسبب خلل في الدراجة وليس بسبب وجود الزيت في الأرض. وكلها دفوع تتناول أحد أركان المسؤولية، ولكنَّ ذلك لا يعني أن تلقي بهذه الدفوع جزافًا، وإنما يجب أن يكون لديك دليل يدعمها من الوقائع.

التعامل مع خبراء المحاكم

عندما تتعلق الدعوى بمسائل فنية معقَّدة قد تلجأ المحاكم (من تلقاء نفسها أو بناء على طلب أحد الأطراف أو كليهما) إلى الاستعانة بخبير فني لكي يساعد المحكمة على فهم المسائل الفنية. وتكمن أهمية هذا الأمر في أن المحاكم قد تبني حكمها على التقرير الذي يقدمه الخبير. لذلك على المحامي الاستعداد لهذا الأمر، وأطرح عليك هنا بعض الإستراتيجيات التي ستساعدك على التعامل مع أعمال الخبرة:

1. **استثمر في فهم الوقائع:** إن الفهم الصحيح للوقائع هو من أهم واجبات المحامي، وكلما زاد فهمُكَ الوقائعَ تقدمتَ على خَصْمك. وفي الواقع فإن العديد من المسائل الفنية يمكن استيعابها بشيء من الجهد والدراسة والصبر، وعليه فإن فهمَكَ الوقائعَ قد يغنيك عن اللجوء إلى طلب الخبير، إذ تستطيع طرح دعوى موكلك بصورة مُبسَّطة يسهل للقاضي فهمها. فمثلًا فإن العديد من النزاعات المتعلقة بمسائل حسابية قد لا تحتاج إلى تعيين خبير، أو قد يكون من مصلحة موكلك تفادي إحالتها إلى الخبير لأنك بذلك قد تفقد القدرة على التأثير في طريقة عرض

الأدلة على المحكمة، ثم إن الإحالة إلى الخبير ستزيد من أمد التقاضي بسبب الزمن الذي ستستغرقه أعمال الخبرة. وحتى إذا أحيلت الدعوى إلى الخبير فإن استثمارك في فهم المسائل الفنية سيساعدك على عرض دعواك على الخبير بصورة سليمة.

2. **استعدَّ للتعامل مع الخبير:** من المفترض في الخبير أن يكون مؤهلًا بالمعرفة الفنية والمؤهلات اللازمة وأن يتسم بالحياد. فإذا تبين لك وجود أسباب جدية للاعتراض على تعيين الخبير، فمن الأفضل تقديم هذه الاعتراضات بأسرع وقت وقبل أن يشرع الخبير في المهمة ما أمكن، لبيان جدية الطلب وعدم التعسف فيه. وينصح أحد الزملاء المستشارين بعقد اجتماع أوَّلي مع الخبير على أسلوب عمله قبل تصميم الإستراتيجية المناسبة.

وفي كل الأحوال فإن القاعدة الذهبية هي أن تساعد الخبير على فهم موقف موكلك وعلى إكمال المأمورية بأسرع وقت وأقل جهد ممكن. ولتحقيق ذلك فعليك تصميم مذكرة مكتوبة تتضمن الآتي:

أ- التسلسل التاريخي لمأمورية الخبير وملخص المأمورية وأسماء الأطراف.

ب- تحديد نطاق المأمورية بدقَّة وماذا تطلب المحكمة من الخبير.

ت- ملخَّص للوقائع من وجهة نظر موكلك مع عرض موجز لموقف الطرف الثاني وبيان أوجه القصور في موقف الطرف الثاني.

ث- موقف موكلك من الدعوى ولماذا على الخبير أن يتبنى موقف موكلك.

ج- طلبات موكلك.

ح- قائمة بالأدلة التي تدعم موقف موكلك.

3. **الاجتماع مع الخبير:** حدد موعدًا للاجتماع مع الخبير، يكون في بداية اليوم ما أمكن حتى يكون الخبير مستعدًّا للاستماع لك قبل أن يزدحم عقله بأعمال اليوم. اشرحْ للخبير موقف موكلك واستمع لأسئلته وأجب عنها بصورة كافية. وإذا لم تكن لديك إجابة فاطلب الأجل لتقديمها لاحقًا. في نهاية الاجتماع قدِّم مذكرتك المكتوبة للخبير ولا تعتمد على الشرح الشفهي.

4. **التوقيع على محضر الاجتماع**: بعد أن تراجع محضر الاجتماع بدقة وتتأكد من تدوين المسائل التي ترغب في تضمينها وقِّع على محضر الاجتماع واطلب من الخبير تسليمك نسخة من المحضر.
5. **ما بعد الاجتماع**: بعد الاجتماع أرسل نسخة من المذكرة إلى الخبير بالبريد الإلكتروني، والفائدة من ذلك أنه يوفر لك فرصة للإجابة عن أي سؤال كنت قد وعدتَ الخبير بالإجابة عنه، أو لإدراج أي مسألة كنت قد نسيتها، أو لتدارك أي خطأ أو عمل أي تصحيح.

كيف تتصرف لو كان التقرير في غير مصلحة موكلك؟

في الغالب فإن تقرير الخبير سيكون لمصلحة أحد خَصْمي الدعوى، إذ نادرًا ما يكون التقرير مُرضيًا لطرفي الدعوى.

فإذا كان التقرير في غير مصلحة موكلك فسيكون عليك الاعتراض على تقرير الخبير. وقد رأيتُ العديد من المحامين يلجؤون إلى الهجوم على الخبير أكثر من تركيزهم على تفنيد محتوى التقرير، وفي الغالب فإن المحاكم تحيل الاعتراضات إلى الخبير نفسه للرد عليها. فإذا كان الاعتراض على التقرير يغلب عليه التقليل من شأن الخبير أو الهجوم الشخصي على الخبير، فإن ذلك سيقلل من فعَّالية الاعتراض على التقرير. لذلك أنصح باختيار العبارات بدقة والتعامل باحترام ومهنية مع جميع الأطراف، من بين ذلك الخبير.

إذا كانت قيمة الدعوى وطبيعتها تُسوِّغ ذلك، فقد يكون من المناسب أن تقترح على موكلك الاستعانة بخبير آخر بدلًا من الاكتفاء فقط بالرد على تقرير الخبير الذي جاء في غير مصلحة موكلك. إذا جاءت نتيجة تقرير الخبير الثاني الذي اختاره موكلك مغايرة لما في تقرير الخبير الأول فستزيد فرص موكلك في إقناع المحكمة بموقف موكلك، لأن المحكمة سيكون أمامها تقريران بدلًا من تقرير واحد ضد مصلحة موكلك. وفي كل الأحوال عليك الإلمام بقواعد قانون الإجراءات وقواعد قانون الإثبات والتزامها، لكنْ في الغالب ستجد أنه لا يوجد ما يمنع الأطراف من الاستعانة

بتقرير أعده خبير فني ضمن أدلة الإثبات التي يمكن للطرف الآخر الرد عليها وتقديم اعتراضاته إذا رغب لكي تصل المحكمة إلى القرار العادل في الدعوى.

الدفوع القانونية

تتنوَّع الدفوع القانونية حسب وقائع الدعوى وحسب الإستراتيجية التي اخترتها. وفي هذا الجزء سأستعرض أهم الدفوع وأكثرها استخدامًا في الدعاوى القانونية، ولكنَّ ذلك لا يعني أن هذه الدفوع مُقدَّمة على سبيل الحصر، وإنما هي على سبيل المثال.

تقسيم الدفوع إلى شكلية وموضوعية:

يمكن تقسيم الدفوع إلى مجموعتين: الدفوع الشكلية والدفوع الموضوعية. ويرى بعض الفقهاء تقسيم الدفوع إلى ثلاثة أقسام رئيسة، ثالثها هو الدفع بعدم القبول، ولكني لا أتفق وهذا الرأي وفق الأسباب التي سأوضحها ضمن الحديث عن الدفع بالتقادم، شارحًا التشابه بين الدفع بعدم القبول والدفوع الشكلية.

(أ) الدفوع الشكلية:

الدفوع الشكلية تُعنَى بشكل الدعوى من حيث الأطراف وتشكيل المحكمة والأمور الإجرائية الأخرى، دون الخوض في المسائل الموضوعية. والدفوع الشكلية لا تقل أهمية عن الدفوع الموضوعية لأن القانون يُعنَى بالشكل والمضمون. إن الشكل الذي رسمه القانون يسعى لتحقيق العدل بين المتقاضين من خلال وضع شروط شكلية محددة سلفًا تضمن المعاملة العادلة بين أطراف الدعوى. لذلك عليك بتقديم الدفوع الشكلية قبل التطرق إلى الدفوع الموضوعية، لأن الفصل فيها قد يُغني المحكمة عن الحاجة إلى مواصلة السير في الدعوى، فمثلًا إذا كانت المحكمة التي رفعتَ أمامها الدعوى غير مُختصَّة بنظرها، فإن تقديم هذا الدفع أولًا سيجعل المحكمة تُمحِّص اختصاصها بنظر الدعوى ابتداءً. فإن وجدتِ المحكمة أنها غير مختصَّة (مثلًا بسبب كون الوقائع حدثت داخل نطاق اختصاص جغرافي لمحكمة أخرى، أو بسبب وجود شرط تحكيم)، فإن الفصل في هذا المسألة يجلب منافع كبيرة للنظام القضائي، إذ لا تستهلك موارد المحكمة وزمن القضاة في نظر المسائل الموضوعية. ويمكن للأطراف إحالة الدعوى إلى المحكمة ذات الاختصاص

الصحيح بنظرها، وهذا ما يوفر الوقت والتكاليف على جميع الأطراف، وذلك يقودنا إلى مناقشة أحد أهم الدفوع الشكلية وهو الدفع بعدم الاختصاص.

- **الدفع بعدم الاختصاص:**

الدفع بعدم اختصاص المحكمة يرتبط أيضًا باختيار القانون الواجب التطبيق، فمثلًا قد تكون الدعوى متعلقة بقانون أكثر من دولة، ومن ثَمَّ فعليك دراسة الأمر لمعرفة القانون الأكثر فائدة لقضيتك قبل التقدم بمثل هذا الدفع (Trachtman، 2013، صفحة 18). فقد تكون الدعوى متعلقة بعقد وُقِّعَ في إنجلترا، لكنْ نُفِّذَ في دولة الإمارات العربية مثلًا، وفي هذه الحالة فقد يكون القانون الإنجليزي أكثر سخاء ومنفعة لقضيتك، وقد يكون من الأفضل الدفع بأن الاختصاص للمحاكم الإنجليزية دون الإماراتية أو العكس.[25]

وقد يكون تقديم الدفع بعدم الاختصاص فيه مصلحة إستراتيجية خاصة إذا كنت تمثل الطرف المدعى عليه، لأن نقل النزاع من المحكمة التي اختارها خَصْمك المدعي سيعني أن على المدعي تكبُّد مصروفات رفعها من جديد أمام محكمة أخرى، ومن ثَمَّ قد يكون هذا عاملًا يحفز المدعي لقبول تسوية لمصلحة قضية موكلك المدعى عليه.

قد يكون تشكيل المحكمة عاملًا مهمًّا في تقييم الاعتراض على الاختصاص أو قبوله، فقد يكون مثلًا عرض النزاع أمام لجنة شكاوى حماية المستهلك فيه مصلحة لموكلك من عرضه أمام محكمة

---

[25] تنص المادة (29) من قانون الإجراءات المدنية والتجارية العماني على التالي: (تختص المحاكم العمانية بنظر الدعاوى التي تُرفَع على العماني ولو لم يكن له موطن أو محل إقامة في عمان، كما تختص بنظر الدعاوى التي تُرفَع على غير العماني الذي له موطن أو محل إقامة في عمان، وذلك كله في ما عدا الدعاوى المتعلقة بعقار خارج السلطنة).

عادية، والشيء نفسه ينطبق على الاختصاص بنظر النزاع أمام المحاكم أو أمام هيئة تحكيم، وكلها عوامل تستوجب الدراسة لمعرفة أيها يعمل لمصلحة قضيتك.[26]

- **الدفع بعدم الصفة في الدعوى:**

الدفع بالصفة يتعلق بأطراف الدعوى، ومن له الحق في إقامتها، ومن يمكن إقامة الدعوى ضده (Trachtman، 2013، صفحة 29). فإذا أخذنا مثال الجار الذي طرح زيت السيارة في الطريق، فإذا كان الشخص الذي رفع الدعوى هو أحد المارة أو أحد الجيران، فقد يكون بإمكانك الطعن في صفته في الدعوى، باعتبار أنه شخص أجنبي وليست له صفة في رفع الدعوى (أي ليست له مصلحة يعترف بها القانون) بخلاف ما إذا كان من رفع الدعوى هو صاحب الدراجة التي تحطمت أو وليه. فإذا رفع صاحب الدراجة الدعوى ضد مالك المنزل الذي كان يستأجره الجار الذي طرح الزيت، فسيكون بإمكان مالك المنزل الدفع بأن الدعوى قد رُفِعَتْ على غير ذي صفة، لأن كونه مالك المنزل لا يجعله مسؤولًا عن طرح المستأجر للزيت لمجرد تأجيره منزله لهذا المستأجر.

ومن ناحية أخرى فإذا كنت تُمثِّل المدعي فقد يكون من المصلحة أن تضيف خَصْمًا في الدعوى قد لا يكون المتسبب المباشر في الضرر. فمثلًا إذا كان من طرح الزيت في الطريق هو عامل في ورشة تصليح السيارات، فقد يكون من المناسب اختصام الورشة نفسها (إذا كان لها كِيان قانوني مستقل كأن تكون مسجلة كشركة) أو مالكها كخَصْم في الدعوى بسبب عَلاقة التابع والمتبوع. إذ إن العامل هو تابع لصاحب الورشة ويأتمر بأوامره وحيث يعتبر القانون أن صاحب العمل مسؤول عن أفعال موظفيه إذا كانت ضمن نطاق عملهم، بسبب أن صاحب العمل يملك الحق في توجيههم، فإن أخفق في الإشراف عليهم فقد استحق المسؤولية عن ذلك. لكنْ قد يكون السبب الرئيس هو ضمان تنفيذ الحكم الذي ستحصل عليه إذا نجحت الدعوى، إذ إن المرجَّح أن يكون

[26] تنص المادة (110) من قانون الإجراءات المدنية والتجارية العماني على أن الدفع بعدم الاختصاص المحلي وخلافه يجب تقديمه قبل الرد على موضوع الدعوى، والسبب في تقديري هو أن رد المدعي على موضوع الدعوى يُعد قبولاO ضمنياOO باختصاص المحكمة، ثم إن الفصل في مسألة الاختصاص في بداية النزاع يُجنِّب المحكمة والمتقاضين عناء تكبد الوقت والجهد في نزاع تختص به محكمة أخرى.

صاحب الورشة أكثر قدرة على دفع قيمة التعويض مقارنة بالعامل الذي قد لا يملك القدرة على السداد أو المال حتى إذا حُكِمَ لمصلحة موكلك.

- **الدفع برد القاضي أو المُحكِّم (تخلف شرط الحيادية):**

هذا الدفع يتعلق بهيئة المحكمة أو هيئة التحكيم (Trachtman، 2013، صفحة 24) ومفاده وجود ظروف تجعل القاضي أو المحكِّم غير محايد سواء من خلال رأي قد تشكَّلت معه عقيدته بشأن موضوع النزاع (كأن يكون قد سبق له الفصل في الدعوى) أو أن تكون له عَلاقة مع أحد أطراف الدعوى (كعَلاقة قرابة أو تجارة أو أي مصلحة).[27]

وتثير مسألة الصداقة بين القاضي وبين أحد المحامين جدلًا بين القانونيين، إذ إن المجتمع القانوني مجتمع صغير بطبعه، وقد تشاء المصادفات أن يكون القاضي هو زميل دراسة مع أحد المحامين، بسبب أن القضاء والمحاماة ينهلان من المنبع القانوني نفسه. بل إن بعض دول القانون العام تشترط أن يكون القاضي قد عمل محاميًا مدةً معينةً قبل أن يُعيَّن قاضيًا (في ولاية أونتاريو الكندية مثلًا يُشترط في القاضي أن يكون قد عمل محاميًا مدة عشر سنوات مع تمتعه بسجل نظيف قبل أن يُعيَّن قاضيًا). وعليه فإن وجود علاقات صداقة بين محامين وقضاة هو أمر ليس غريبًا، ولا يكون بحد ذاته سببًا في عدم حياد القاضي، وذلك بسبب التدريب القانوني الذي يحصل عليه القضاة في مراعاة حياديتهم وعدم تأثرهم بمثل هذه العوامل.

- **الدفع بالتقادم المُسقِط للمطالبة:**

المطالبة بالحقوق ورفع الدعوى حق دستوري، ولكنَّ هذا الحق محدد بمدة زمنية يجب رفع الدعوى خلالها، حتى لا يُساء استخدام هذا الحق. والسبب في ذلك أنه لا يوجد حق مطلق، فكل حق له حدود لا يجوز تجاوزها. ويقصد بالتقادم أن المتقاضي إذا سكت عن المطالبة بحقه مدةً طويلةً من الزمن دون عذر، فإن هذا الانتظار يخلق حقًّا موازيًا هو حق المجتمع في استقرار الأوضاع وتحقيق العدالة، لأن الانتظار مدةً طويلةً يُضيع الأدلة التي يحتاج إليها النظام القانوني للفصل في الدعوى، فيموت الشهود أو يسافرون إلى بلد آخر، وتضيع المستندات أو تتبدل الأحوال

---

[27] تنص المادة (142) من قانون الإجراءات المدنية والتجارية العماني على الحالات التي لا يجوز فيها للقاضي نظر الدعوى ومنها على سبيل المثال إذا كان قد سبق له أن أفتى أو ترافع عن أحد الخصوم.

تبدلًا يصعب تداركه (Trachtman، 2013، صفحة 33). ثم إن الانتظار يخلق واقعًا جديدًا مفاده أن المتقاضي قد نزل عن الحق في المطالبة، فيرضى بقية الأطراف ويتابعون حياتهم. لذلك فإن القانون يمنع المتقاضي من رفع المطالبة إذا سكت عنها مدةً طويلةً، وهذا ما يُسمّى بالتقادم المُسقِط.

إن التقادم لا يلغي الحق الموضوعي، وإنما يمنع المطالبة به لأسباب تغلب فيها مصلحة المجتمع على مصلحة المتقاضي. وعليه إذا رُفِعَتْ على موكلك مطالبة قديمة مرت عليها مدة التقادم فيمكنك الدفع بالتقادم المُسقِط.[28] وإذا كنتَ تمثل المدعي وسلَّط المدعى عليه سيف التقادم في وجهك فيمكنك الدفع بوجود مُسقِطات للتقادم، مثل إقرار المدعي الذي قطع التقادم، أو توجيه موكلك إنذارًا قانونيًا بالمطالبة، أو أي دفع آخر يقطع التقادم.

---

(28) انظر إلى المادة (185-1) من قانون المعاملات المدنية العماني التي تنص على التالي: (لا تسمع دعوى التعويض الناشئة عن الفعل الضار بعد انقضاء خمس سنوات من اليوم الذي علم فيه المضرور بحدوث الضرر وبالمسؤول عنه) وتنص المادة (11) من قانون العمل العماني على أن التقادم في الحقوق العمالية هو سنة واحدة.

(ب) الدفوع الموضوعية:

تتناول الدفوع الموضوعية موضوع الدعوى ومحتواها متجاوزة بذلك القيود الشكلية والإجرائية التي تدخل ضمن الدفوع الشكلية. لذلك تتطرق الدفوع الموضوعية إلى صميم الدعوى وأركانها، أي إنها تتناول الحق الموضوعي المتنازع فيه.

ويرى بعض الفقهاء إفراد نوع ثالث من أنواع الدفوع (بخلاف الدفوع الشكلية والدفوع الموضوعية) وهو الدفع بعدم القبول، ومن ثَمَّ يرون أن الدفع بالتقادم يدخل ضمن إطار الدفع بعدم القبول مُسبِّبين ذلك بأن الدفع بعدم القبول لا ينصبُّ على الحق الموضوعي، وإنما يُقصَد به أن على المحكمة عدم قبول سماع الدعوى لأسباب قانونية معينة. وعليه يكون الدفع بعدم القبول يتشابه هو والدفوع الشكلية من حيث كونه لا يحوز حجية الأمر المقضي فيه، (الذي سأتناوله بالتفصيل لاحقًا) وعليه يمكن للمحكمة سماع الدعوى إذا انتفت أسباب عدم القبول. ولكني أُفضِّل قصر تصنيف الدفوع إلى نوعين فقط، وهما الدفوع الشكلية والموضوعية، للتبسيط على القارئ وللتشابه الكبير بين الدفع بعدم القبول وبين الدفوع الشكلية.

وسنتحدث هنا عن بعض الدفوع الموضوعية المهمة:

1. الدفع بسبق الفصل في الدعوى (Res judicata)

الدفع بسبق الفصل في الدعوى دفع متعلق بفعَّالية النظام القضائي، إذ يهدف هذا الدفع إلى حماية حق التقاضي من إساءة استخدامه في تَكْرار الدعاوى نفسها بين المتقاضين أنفسهم. إذ تقتضي قاعدة سبق الفصل في الدعوى أن للمتقاضي فرصة واحدة في رفع دعواه أمام المحكمة عن الموضوع نفسه وبين الأطراف أنفسهم، وعليه فإذا قضت المحكمة حكمًا نهائيًّا في موضوع النزاع فقد أُغلِق الباب بصورة نهائية أمام إمكانية إعادة فتحه مرة أخرى. والتعليل في ذلك أن الخَصْم كانت أمامه الفرصة كاملة لتقديم حجته أمام المحكمة، فإن فعل ولم يُحكَم له فقد قضتِ المحكمة برفض حجته صراحة أو ضمنًا، وإن لم يفعل فقد قصَّر ولا تجوز مكافأته على

تقصيره على حساب خَصْمه.[29] ودون هذه القاعدة ستستمر المنازعات بين الخصوم إلى ما لا نهاية، إذ إن الخَصْم الذي يخسر الدعوى في حكم نهائي سيرفع دعوى جديدة ضد خَصْمه الذي كسب الدعوى الأولى، وعليه تنشغل المحاكم بالقضايا الكيدية، وتستنزف مواردها المالية والبشرية من موظفين وقضاة بحيث تتراكم فيها الدعاوى حتى تعجز عن الفصل فيها، ومن ثَمَّ تتعطل الحقوق ويفقد الناس الثقة بالمحاكم وتضيع العدالة.

وفي الوقت نفسه فإذا تقدم خَصْمك بدفع سابقة الفصل، فإن الرد على هذا الدفع يكون من خلال بيان عدم انطباق شروط الدفع. فقد تدفع بأنه مع أنَّ الدعوى بين الأطراف أنفسهم، ولكنَّ سبب الدعوى يختلف عن الدعوى السابقة، أو أن سبب الدعوى نشأ بعد صدور الحكم النهائي بين الأطراف.

لكنْ يجب الانتباه إلى أن الدفع بسابقة الفصل في الدعوى يسري في حالة فصل الدعوى في موضوع الدعوى، أي في الحق الموضوعي الذي تتضمَّنه الدعوى. وعليه فإن فصل المحكمة في الدفوع الشكلية لا يحوز حجية الأمر المقضي، ويجوز للمحكمة نظر الدعوى من جديد إذا انتفت الأسباب الشكلية، بعكس الحال فيما إذا كانت قد فصلت في موضوع الدعوى حيث تنتهي ولاية المحكمة بصورة كاملة.

وقد يرى البعض أن الدفع بسبق الفصل في الدعوى يجب تضمينه ضمن الدفوع الشكلية، لأنه لا يتطلب من المحكمة أن تنظر في موضوع الدعوى، بل يقتصر الأمر على مجرد الاطلاع على الحكم السابق الذي يدعي مُقدِّم الدفع انطباق الدفع عليه، ومقارنته هو وموضوع الدعوى الحالية، بحيث لا تحتاج المحكمة إلى سماع بينات والخوض في إجراءات المحكمة السابقة (التي يفترض أن تكون متوفرة من حيثيات الحكم السابق) وإنما يمكنها الفصل فيه بمجرد الاطلاع على الحكم السابق. وهذا الرأي على الرغم من وجاهته يقابله رأي معاكس، هو أن العِبرة هنا ليست في

---

[29] تنص المادة (111) من قانون الإجراءات المدنية والتجارية العماني على أن ("... الدفع بعدم جواز نظر الدعوى لسبق الفصل فيها تقضي به المحكمة من تلقاء نفسها ويجوز إبدائه في أي حالة تكون عليها الدعوى.") أنظر أيضا (Trachtman، 2013) صفحة 38.

الطريقة التي يصدر بها الحكم، وإنما في نتيجته، فإذ إن نتيجة الدفع بحجية الأمر المقضي يعني بشكل غير مباشر الفصل في موضوع الدعوى بحكم نهائي مفاده عدم قبول الدعوى، فإن تصنيف هذا الدفع ضمن الدفوع الموضوعية هو الأقرب إلى الصواب. وفي كل الأحوال فإن تصنيف الدفع هو أقل أهمية من كيفية استخدامه في أثناء صياغة المذكرة.

2. الدفع بالإخلال المشترك

إذا كانت دعوى المدعي ترتكز على إخلال موكلك بالتزام قانوني، فقد يكون دفاعك هو إخلال المدعي نفسه، بمعنى أن تقول إذا كان موكلي قد أخطأ فإنك لست بريئًا من الخطأ، فقد أخطأت أيضًا بحق موكلي (Trachtman، 2013، صفحة 30).[30] وهذا الدفع يرتكز على قاعدة أن الشخص ليس مُلزمًا بالوفاء إذا كان الطرف الآخر مخلًّا، وهو بذلك يشبه قاعدة المعاملة بالمثل. بسبب أن قواعد العدالة تمنع إلزام الشخص بالوفاء عند إخلال الطرف الآخر، ومن ثَمَّ يكون الدفع بالإخلال المشترك سببًا في الإعفاء من المسؤولية أو التخفيف منها على أقل تقدير.

وللرد على الدفع بالإخلال المشترك يمكن أن تشير إلى عدم التناسب بين الإخلالين، أو عدم وجود رابط منطقي بينهما، فقد يكون إخلال موكلك طفيفًا مقارنة بإخلال خَصْمك، ومن ثَمَّ فإن إخلال موكلك ليس عذرًا مقبولًا يعفي الطرف الآخر من المسؤولية. وقد يكون الرد من خلال نزول الخَصْم صراحة أو ضمنًا عن التمسك بإخلال موكلك، أو أن يكون قد اتُّفِقَ على الإعفاء من المسؤولية عن خطأ موكلك ضمن بنود العقد المُبرَم بين الطرفين، أو من خلال تصرف صادر يشير إلى قبول الطرفِ المضرورِ الخطأَ أو نزوله عن المطالبة.

---

(30) انظر إلى المادة (177) من قانون المعاملات المدنية التي تنص على التالي: (إذا أثبت الشخص أن الضرر قد نشأ عن سبب أجنبي لا يدَ له فيه كآفة سماوية، أو حادث فجائي ،أو قوة قاهرة أو فعل الغير **أو فعل المضرور** كان غير ملزم بالتعويض ما لم يقضِ القانون أو الاتفاق بخلاف ذلك). وتنص المادة (180) من قانون المعاملات المدنية العماني على التالي: (إذا تعدد المسؤولون عن فعل ضار كان كل منهم مسؤولا0 بنسبة نصيبه فيه دون تضامن بينهم ما لم تُقدِّر المحكمة خلاف ذلك).

3. الدفع بالسبب الأجنبي

الدفع بالسبب الأجنبي مفاده أن يُثبِت المدعى عليه أن الضرر الذي نشأ كان بسبب أجنبي لا يد للمدعى عليه فيه.[31] مثل حادث فجائي أو آفة سماوية أو فعل صادر من الغير، أو كان الضرر بسبب أفعال المدعي المتضرر نفسه. وكل ذلك يدفع المسؤولية عن التعويض من عاتق المدعى عليه، فلو كان موكلك هو المدعى عليه فإن بإمكانك الدفع بأن الضرر كان بسبب أجنبي لا يد لموكلك فيه.

4. الدفع بالقوة القاهرة

الدفع بالقوة القاهرة مفاده استحالة تنفيذ الالتزام بسبب ظروف طارئة تجعل تنفيذ موكلكَ الالتزامَ مستحيلًا، وعليه ينفسخ العقد بين الطرفين، في أثناء كتابة هذا الكتاب كان العالم تجتاحه جائحة كورونا التي ضربت جميع أنحاء المعمورة، ولم تفرق بين غني أو فقير أو طفل أو كبير أو رجل أو امرأة. وعليه فإن جائحة كورونا مثال للقوة القاهرة التي لم يكن بالإمكان توقعها في ساعة التعاقد بين الأطراف.

ومن ثَمَّ يمكنك الدفع بالقوة القاهرة لإعفاء موكلك من الالتزام.[32] وللرد على الدفع بالقوة القاهرة يمكنك أن تدفع بعدم تحقق أحد شروطها بحق موكلك، فمثلًا قد يكون الالتزام قد نشأ بعد إعلان الجائحة أو أن تأثيرها في العقد يمكن تلافيه بصورة معقولة بوجود بدائل مناسبة أمام الطرف الآخر.

---

(31) المادة (177) من قانون المعاملات المدنية التي تنص على التالي: (إذا أثبت الشخص أن الضرر قد نشأ عن **سبب أجنبي لا**... 00الخ).

(32) المادة (177) من قانون المعاملات المدنية العماني.

5. الدفع بعدم الإثبات

الأصل أن عبء الإثبات في الدعاوى غير الجزائية يقع على المدعي فيما يعرف بقاعدة "البينة على المدعي".[33] ومعنى هذه القاعدة أن من يدعي لنفسه حقًّا أو شيئًا فإن عليه عبء إثبات ذلك الادعاء. إن الوفاء بعبء الإثبات يقتضي أن يُقدِّم المدعي بينات وأدلة تُثبِت ما يقوله بطريقة تستند إلى المنطق والاستنتاج السليم للأمور، بحيث يكون الاستنباط المنطقي من الأدلة التي يُقدِّمها المدعي تشير إلى صحة الادعاء، واتفاق نتيجة الاستنباط المنطقي وادعاء المدعي. وإلا فإن الدليل يكون غير مقبول في إثبات الحق المطالب به. وعليه يمكنك الدفع بأن خَصْمك لم يثبتِ الحق الذي يدعيه، ومن ثَمَّ لم يفِ بواجب عبء الإثبات.

ويمكنك الدفع بأن الأدلة التي طرحها خَصْمك تؤدي إلى نتيجة تختلف عن الحق الذي يدعيه الخَصْم، بحيث تقدم نتيجة مغايرة للنتيجة التي يدعيها الخَصْم مستندًا إلى الأدلة نفسها التي طرحها. إن العَلاقة بين الأدلة المطروحة وبين النتيجة التي يدعيها الخَصْم يجب فحصها بعناية وتحليلها تحليلًا نقديًّا لتعرُّف أي تناقض أو نقصان أو قصور بينهما.

ووفقًا للمادة (1) من قانون الإثبات في المواد المدنية والتِّجارية العماني الصادر بالمرسوم السلطاني رقم 2006/68 فإن عبء الإثبات ينتقل إلى عاتق المدعى عليه بعد أن يُقدِّم المدعي البينة على ادعائه، فيكون على المدعى عليه إثبات التخلص من هذا الادعاء من خلال تقديم أدلة مناهضة. وهنا إذا كنت تمثل المدعى عليه فيمكنك أن تدفع بأنه مع أنَّ المدعي قد أثبت الدَّيْن فإن موكلك قد سدَّد أو وفى بالالتزام.

---

[33] انظر إلى المادة (1) من قانون الإثبات في المواد المدنية والتجارية التي تنص على: (على المدعي إثبات الالتزام وعلى المدعى عليه إثبات التخلص منه). انظر أيضا0 (Trachtman، 2013) صفحة 35.

6. الدفع بقاعدة من سعى في نقض ما تم على يديه فسعيه مردود عليه

هذه القاعدة تتعلق بإغلاق الحجة أو منع الإنكار، فهي تمنع الشخص من مناقضة نفسه، بحيث تمنعه من إنكار أمر أقرَّه أو فعله من خلال القول أو الفعل (Trachtman، 2013، صفحة 78). وقد يكون التعبير عن تلك الإرادة بالسلوك أو القول أو حتى بالسكوت في موضع الحاجة إلى بيان، ومن ثَمَّ فإن هذه القاعدة تمنع صاحبها من إنكار التعبير عن الإرادة التي أظهرها سابقًا. وعليه تنص المادة (70) من قانون المدنية العماني على التالي: (**التعبير عن الإرادة يكون بالكلام أو بالكتابة أو بالإشارة المتداولة عرفًا أو باتخاذ موقف لا تدع ظروف الحال شكًّا في دلالته على حقيقية المقصود منه**)، فإذا دفع خَصْمك بعدم قبوله أو عدم موافقته على أمر متنازع فيه، فيمكنك أن تدفع بقاعدة الإغلاق ببيان تصرفات أو أقوال سابقة تشير إلى عكس الادعاء الحالي.

أما إذا واجهك خَصْمك بهذا الدفع، فإن الرد عليه يكون من خلال بيان أن التصرف السابق لا يتعلق أو لا يعني النتيجة التي يدعيها الخَصْم.

7. الدفع باختلاف التفسيرات

المنازعة حول تفسير العبارات من أهم الدفوع وأكثرها أهمية بين الدفوع (المرجع السابق)، ولذلك فإن هذه الدفوع تعتبر من أهم المهارات التي عليك إتقانها، قواعد التفسير تعمل مثل القرائن؛ أي إنها تضع قاعدة قانونية تطبقها المحكمة ما لم يثبت لها عكس هذه القاعدة، إليك أهم الدفوع فيما يتعلق بالتفسيرات:

(أ) قاعدة الخاص يقيد العام

هذه القاعدة من قواعد التفسير، وتعني أن النص المتعلق بحكم خاص يسود على الحكم العام الذي يتناول مسائل عامة (Trachtman، 2013، صفحة 56). فمثلًا في قانون المعاملات المدنية العماني، فإن الفصل الثالث من القانون يعني بأحكام الشركة، وإذ إن قانون المعاملات يتناول المعاملات المدنية بمختلف أنواعها، فهو قانون عام مقارنةً بقانون الشركات التِّجارية العماني

الذي يختص بأحكام الشركات. وعليه فإذا كان في قانون المعاملات المدنية نص يتعلق بأحكام الشركة يتعارض ونص آخر في قانون الشركات التِّجارية، فإن النص الذي يوجد في قانون الشركات التِّجارية يسود على النص الذي يوجد في قانون المعاملات المدنية، لأن قانون الشركات التِّجارية متخصص في أحكام الشركات. والتقدير أن المشرّع بذل عناية أكبر وتركيزًا أكبر حين صاغ القانون الخاص، ومن ثَمَّ فإن القانون الخاص يستحق تقديرًا أكبر من القانون العام الذي تشتت فيه انتباه المشرع بين عدد كبير من المواضيع.

لذلك يمكنك أن تدفع بأن التفسير الوارد في القانون الخاص يجب أن يسود على التفسير الوارد في القانون العام ما دام ذلك يخدم قضيتك.

(ب) قاعدة العبرة في العقود بالمقاصد والمعاني وليس بالألفاظ والمباني

هذه القاعدة الفقهية معناها أن مناط العقود هو قصد المتعاقدين من العقد ونيتهم، وليس ما تفوهت به شفهاهم من ألفاظ إذا كانت هذه الألفاظ تحتمل أكثر من معنى. أي بمعنى آخر إن العبرة بالقصد الحقيقي للأطراف المتعاقدة الذي يستشف من ظروف التعامل وطريقة التعبير عن الإرادة. ومن ثَمَّ لا يجب التوقف عند الألفاظ الظاهرية، وإنما يجب النظر إلى لب المسألة. وفي هذه الحالة يفترض أن اللفظ يحتمل أكثر معنى، فإن كان اللفظ واضحَ الدلالة فلا حاجة إلى إعمال هذه القاعدة. وقد لخصت الفقرة الثانية من المادة (265) من قانون المعاملات المدنية الإماراتي هذه القاعدة كالتالي: **(أما إذا كان هناك محل لتفسير العقد فيجب البحث عن النية المشتركة للمتعاقدين دون التوقف عند المعنى الحرفي للألفاظ، مع الاستهداء في ذلك بطبيعة التعامل، وبما ينبغي أن يتوفر من أمانة وثقة بين المتعاقدين وفقًا للعرف الجاري للمعاملات).**[34]

---

[34] (2021 ،وزارة العدل بدولة الامارات العربية المتحدة). (2021 ,29 أبريل). *بوابة القوانين والتشريعات*. Retrieved from وزارة العدل بدولة الإمارات العربية المتحدة: https://elaws.moj.gov.ae/mojANGULAR/index.aspx.

وهنا يمكنك أن تدفع بأن معنى العقد يجب أن يكون بالاستناد إلى قصد المتعاقدين، ولا يجب الاعتداد بالمعنى الظاهري، لأن القصد يسود على المعنى الظاهري للكلمات.

(ت) قاعدة الشك يُفسَّر لمصلحة المدين

قد تكون عبارات العقد تحمل أكثر من معنى، وفي هذه الحالة يعطي القانون الأولوية للتفسير الذي يصب في مصلحة الطرف الذي عليه واجب الالتزام. وعليه تنص الفقرة الأولى من المادة (166) من قانون المعاملات المدنية العماني على التالي: (يفسر الشك لمصلحة المدين). وتنص المادة (266) من قانون المعاملات المدنية الإماراتي على نص مشابه هو: (يفسر الشك في مصلحة المدين)، وعليه يمكنك أن تدفع بأن الشك في تفسير العبارات يجب أن يكون لمصلحة موكلك إذا كان هو المدين الملزَم بتنفيذ الالتزام.

(ث) قاعدة الشك يفسر لمصلحة الطرف المذعن

عقود الإذعان هي عقود يضعها أحد طرفي العقد، وتكون في شكل شروط عامة لا تقبل المناقشة أو التفاوض، بحيث لا يكون أمام المتعاقد الآخر سوى "الإذعان" بقبولها جملة أو عدم الدخول في التعاقد. وكمثال لذلك العقود التي تضعها شركات الهاتف والكهرباء وغيرها فهي تضع بنودًا عامة لجميع من يرغب في الحصول على خدماتها وعلى الطرف الآخر إما قبولها وإما عدم الحصول على الخدمة.

والسبب في ذلك يرجع إلى أن إعداد عقود منفردة لكل متعاقد هو مسألة مكلفة بسبب العدد الكبير من الزبائن الذين تتعامل معهم الشركات مقدمة الخدمة، ومن ثَمَّ تكون عملية مراجعة كل عقد والتفاوض حول شروطه غير ممكنة من الناحية العملية. ولكي يحمي القانون الطرف المذعن فقد جاء القانون بقاعدة الشك يُفسَّر لمصلحة الطرف المذعن، فقد نصَّت المادة الثانية من المادة (166) من قانون المعاملات المدنية العماني على التالي: (في عقود الإذعان يفسر الشك لمصلحة الطرف المذعن). وكذلك تنص الفقرة الثانية من المادة (266) من قانون المعاملات المدنية الإماراتي على: (ومع ذلك لا يجوز أن يكون تفسير العبارات الغامضة في عقود الإذعان ضارًّا بمصلحة

الطرف المذعن). ويتضح ارتباط هذه القاعدة وسابقتها، وهي قاعدة أن الشك يفسر لمصلحة المدين.

ومن ثَمَّ إذا كان موكلك هو الطرف الدائن (أي الطرف الذي يتلقى محتوى الالتزام) ودفع خَصْمك بقاعدة أن الشك يفسر لمصلحة المدين، فيمكن أن ترد بأن موكلك هو الطرف المذعن في العقد لكي تدحض الدفع الأول والعكس صحيح.

(ج) قاعدة إعمال الكلام أولى من إهماله

ومعنى هذه القاعدة أن الأصل أن الكلمات التي ترد في النص قد جاءت بقصد إعطائها معنى معينًا، وأنها لم ترد اعتباطًا. إذ إن الأطراف قصدوا من إدخالها في النص أن يعطوها معنى خاصًا، ومن ثَمَّ فالأوْلى الاعتداد بهذه الكلمات وعدم إهمالها. هذه القاعدة ترد في المادة (260) من قانون المعاملات الإماراتي وتنص على الآتي: (إعمال الكلام أولى من إهماله، لكنْ إذا تعذر إعمال الكلام يُهمل). وكمثال لذلك فإذا جاء في النص عبارة "منزل" ثم بعدها استخدم الأطراف عبارة "مسكن" فالأولى أن الأطراف قد قصدوا معنى يختلف عن المعنى الأول المصاحب لكلمة منزل، لأن استخدام الأطراف لعبارة مختلفة يشير إلى أنهم قد قصدوا معنًى مختلفًا، وإلا لكانوا قد استخدموا العبارة نفسها وهي "منزل". ولكنَّ هذه القاعدة لها استثناء، وهي أنه في حالة استحالة إعطاء معنى مختلف فإن هذا الاختلاف في المعنى يجب أن يُهمَل ولا يُعتَد به. مثلًا قد لا يكون في العقد إلا عقار واحد فقط، ولا مجال لأن يكون المتعاقدان يقصدان أي عقار آخر سواه، وفي هذه الحالة يهمل المعنى الجديد ويكون المنزل والمسكن يشيران إلى المعنى نفسه. وعليه يمكنك أن تدفع بأصل القاعدة أو بالاستثناء الوارد فيها بحسب موقف موكلك وظروف الدعوى.

كلمة أخيرة عن الأدلة

في الغالب ما يحتاج الدفع الذي تتقدم به إلى دليل يسنده بحيث يتسق الدليل ومقصد الدفع الذي قدمته ومعناه. ومن هنا تتضح أهمية ترتيب الأدلة وتنسيقها وترقيمها التي تحدثنا عنها سابقًا. إن التفكير والإعداد للأدلة يجب أن يبدأ في المراحل الأولى من مراحل الإعداد للدعوى، بل

من مرحلة مقابلة الموكل وبمرور الوقت وتطور الأحداث قد تنشأ الحاجة إلى إعادة النظر في نوع الأدلة التي تحتاج إليها لتدعيم الدفوع التي تتقدم بها. ولكنَّ الأدلة لا تقتصر على الأدلة المادية، بل قد تمتد إلى المراجع العلمية والبحوث، وحتى إلى كتب الفقه والقانون وإقرارات الخَصْم. لذلك قد يكون من المناسب أن تركز على الدفوع التي يمكنك إثباتها بأدلة ذات دلالة قوية واضحة.

الخلاصة

في هذا الباب تناولنا تطبيقًا عمليًا للمهارات الخمس يتعلق بواحد من أهم الأعمال القانونية التي يحتاج إليها القانوني في مهنته، وهي صياغة المذكرات القانونية ومهارات التقاضي. لقد تناولنا مكونات صحيفة الدعوى وأهمية تقسيمها إلى أجزاء يسهل على القاضي فهمها وتبني وجهة النظر أو الدفوع التي تخدم قضية موكلك.

في البداية تحدثنا عن تحديد أطراف الدعوى والخصوم وصفاتهم وأهمية تقديم ملخص للدعوى في مقدمة الصحيفة لكي تهيئ ذهنية المحكمة لنوع هذه الدعوى. وتناولنا أساليب تقديم الوقائع في شكل سلس ومترابط مع مقاصد الدعوى التي تطرحها وتحدثنا عن إنزال القانون على الوقائع بصورة تشير إلى أن القانون يدعم موقف موكلك، لكي تختتم الصحيفة أو المذكرة بطلبات واضحة ومحددة تطلب من المحكمة الحكم بها.

ثم دلفنا بعد ذلك إلى موضوع الدفوع القانونية وقسَّمناها إلى قسمين رئيسيين: الدفوع الشكلية والدفوع الموضوعية. إن هذا التقسيم له تأثير جوهري في كيفية تقديم الدفع وتوقيتها إذ ننصح بتقديم الدفوع الشكلية في البداية قبل الخوض في الدفوع الموضوعية لتوفير الوقت والجهد على المحكمة وللالتزام بقواعد قوانين التقاضي.

إن الدفوع المُقدَّمة في هذا الباب جاءت هي على سبيل المثال لا الحصر، والغرض منها تقديم مرجع سريع للأدوات التي يمكن أن تستخدمها في أثناء صياغة المذكرات القانونية وبغرض تقديم خريطة طريق تختار منها ما يناسب قضية موكلك.

الباب الثاني

صياغة الاستشارات القانونية

أيمن عبد الرحمن خير

صياغة الاستشارات القانونية

مقدمة

إن تقديم رأي قانوني أو استشارة هو لب العمل القانوني، وهو مربط الفرس في الخدمة التي يقدمها المحامي للعميل. وإذ إن المحامي هو خبير في القانون (Trachtman، 2013، صفحة 9)، فإن الخدمة التي يطلبها العميل هي كيف يستفيد من هذه الخبرة في حل مشكلة أو مشكلات قانونية تعترض الموكل. وبالنسبة إلى المحامين الذين يعملون مستشارين داخليين للشركات والمؤسسات الحكومية وفي الدوائر والأقسام القانونية، فإن هذا الجانب من الأعمال القانونية يُمثِّل جزءًا كبيرًا من عملهم وإن اختلف الشكل الذي تُقدَّم فيه الاستشارة من حيث الرسمية، ومن حيث الإسهاب أو الاختصار.

وفي الوقت نفسه، وبازدياد تعقيدات الحياة العصرية والاطِّراد في إصدار التشريعات والقوانين فقد أصبح العديد من رواد الأعمال الجدد يدركون أهمية الحصول على استشارة قانونية تُمكِّنهم من اتخاذ القرارات المناسبة والمستندة إلى فهم صحيح للقانون وعواقب تطبيقه على أعمالهم وتجارتهم. لذلك فإن الطلب على الاستشارات القانونية سيكون في ازدياد مطَّرد. في هذا الباب سأقدم المكونات الخمس التي تشكل الاستشارة القانونية بصفة عامة، لكنْ يجب مراعاة أن الغرض من الاستشارة هو تقديم حلول لمشكلة قانونية، ولذلك فإن الشكل الذي تُقدَّم فيه الاستشارة يجب ألا يكون على حساب مضمونها.

المكون الأول: المقدمة

من المفيد أن تبدأ الاستشارة بتقديم تمهيد مُوجَز عن خلفيات المسألة القانونية، بحيث تضع السياق الذي تجري من خلاله الأحداث أمام أعين القارئ. إن المقدمة تشبه تحضير الملعب الذي ستقام عليه المباراة، ويجب أن تكون المقدمة مُختصَرة ومحصورة في الأمور المتعلقة بالمسألة القانونية. إن تخطي هذه المرحلة سيحرم القارئ من الاستعداد الذهني المطلوب لاستيعاب الاستشارة القانونية التي ستطرحها عليه بشكل كامل، لكنْ في الوقت نفسه عليك عدم المبالغة بسرد تفاصيل كثيرة لا تخدم موضوع الاستشارة.

بعد المقدمة أنصح بتقديم الاستشارة في شكل ما يسمى بـ IRAC[35] وهي الحروف الأُوَل من مكونات الاستشارة وهي Issue, Rule, Analysis and Conclusion. إن هذا التقسيم يصنع الإطار المنطقي والتسلسل المطلوب للوصول إلى الحل القانوني المناسب.

في خلال دراستي وعملي في كندا قد لاحظتُ أن طريقة IRAC تُستخدم في عمليات البحث القانوني الذي يبحثه المحامي لرئيسه، ويستخدم في تدريس القانون في كليات القانون. ولذلك فقد نقلتُ هذا الأسلوب وطبّقته على طريقة تقديم الاستشارة القانونية بسبب الوضوح والطريقة العملية في الوصول إلى الحلول القانونية المناسبة.

المكون الثاني: تحديد المسألة (Issue)

تحديد المسألة أو السؤال الذي ستجيب عنه هو مسألة أساسية، لأنك لن تستطيع تقديم استشارة ناجعة ما لم تتعرَّف المشكلة بشكل واضح لا لبس فيه. وإن تحديد المسألة هي فرصة لكي تكون مع العميل في الصفحة نفسها، بحيث تتاح الفرصة للعميل لتصحيح أي خطأ في فهم ما يريده العميل. ليس هناك أسوأ من بذل الوقت والجهد في تقديم استشارة مبنية على مسألة فرعية

---

[35] To know more about the IRAC concept and the difference between IRAC and CREAC, see Richard Norquist's article *IRAC Method of Legal Writing*, and visit this website: https://www.thoughtco.com/irac-legal-writing-1691083.

لا تهم العميل، أو تجاهل مسألة جوهرية بالنسبة إلى العميل، ولكنك تظنها فرعية، هنا تكمن أهمية تعريف المسألة القانونية في شكل سؤال (Nordquist, 2019)، مثلًا المسألة هي: "هل يعتبر إعلان الشركةِ الدعوةَ إلى اجتماع الجمعية العامة للمساهمين في موقعها الإلكتروني استيفاء لشروط الإعلان التي يتطلبها قانون الشركات؟ أو سؤال مثل: "هل يحق للمشتري فسخ العقد إذا كانت البضاعة موضوع العقد قد تخلف عنها الوصف الفلاني؟".

يجب أن تدلف إلى لب المسألة القانونية، بحيث يكون تحديدها وتعريفها بدقة يشكل حجر الزاوية في الموضوع المطروح أمامك (Albright، Legal Research, Analysis, and Writing، 2014، صفحة 490).

إن التحديد الدقيق للمسألة يُمكِّن العميل من معرفة نطاق الاستشارة ويعطي المحامي الفرصة في التوسع أو التعديل إذا كان العميل يرغب في بحث مسألة أخرى خارج نطاق الاستشارة. وبالإضافة إلى ذلك، فإن التحديد يحمي المحامي من بعض أخطار المسؤولية المهنية لأنه يوضح النطاق الذي تشمله الاستشارة بحيث لا يكون عن مسائل قانونية خارج الإطار الذي حدَّده سلفًا.

ملخص الرأي القانوني:

وعلى عكس السائد في كتابات القانونيين، يُنصَح بتقديم إجابة مختصرة للمسألة القانونية مباشرة بعد تحديد المسألة (Albright، Legal Research, Analysis, and Writing، 2014، صفحة 493)، لأنها ستُحضِّر ذهن القارئ للمراحل التالية، إذ إن الكتابة ليست سوى رحلة تدعو القارئ إلى مرافقتك فيها. إن تقديمك ملخصًا مقتضبًا لرأيك القانوني في هذه المرحلة المتقدمة من المذكرة هو مثل إعطاء سائق سيارة الأجرة عنوان المكان الذي تنوي الذَّهَاب إليه في لحظة ركوبك للسيارة. لكنْ في حالة المذكرة أنت السائق وعليك إعطاء القارئ عنوان المكان الذي ستأخذه إليه من البداية، لكي يستطيع متابعة رحلة القراءة دون أن يشغل نفسه بالسؤال: إلى أين تريد أن تأخذني بهذا الكلام؟

لكنْ عليك طبعًا بصياغة هذا الملخص بعد الانتهاء من صياغة الاستشارة القانونية بأكملها لأنك ستحدد الخلاصة التي توصلت إليها بعد الفراغ من صياغة الاستشارة، ثم بعد ذلك عليك العودة إلى بداية المذكرة وصياغة الملخص.

المكون الثالث: تحديد القانون (Rule)

بعد أن حددتَ المسألة في شكل سؤال عليك الانتقال لتحديد القانون الذي يحكم المسألة.[36] قد يكون القانون هو نص في العقد المبرم بين الطرفين (باعتبار أن العقد هو القانون الخاص الذي يحكم العَلاقة بين المتعاقدين وَفْقَ قاعدة "العقد شريعة المتعاقدين"). ويقع العديد من الناس في الخلط بين مفهوم "العقد" وبين المستند المكتوب الذي يحوي شروط "العقد". في مرات عدَّة قد تسمع عبارة "لكنْ لا يوجد عقد" تصدر من بعض المتعاقدين في حين يكون المقصود هو عدم وجود مستند مكتوب بينهم. لكنْ لا ننسَ أن العقد يمكن إثباته من خلال التصرفات التي نفَّذ بها الطرفان العقد أو من خلال الشهود أو إيصالات الدفع. إذ إن وجود ورقة مكتوبة مُوقَّعة بين الطرفين ليس هو العقد نفسه، وإنما هو وسيلة الإثبات لوجوده، لأن الكتابة ليست شرطًا لتكوين العقد إلا في حالات استثنائية خاصة. فقد يوجد عقد ملزم بين طرفين دون كتابة أو دون تبادل كلمات بينهما، مثلًا لنفترض أن سائق الحافلة قد توقَّف بحافلته في محطة معينة ضمن خط سير تلك الحافلة، وتصادف وجود شخص سنُطلِق عليه اسم أحمد. إن توقف سائق الحافلة في المحطة فقد شكَّل عرضًا أو ما يسمى "بالإيجاب" قدمه السائق لأحمد ومفاده: "أنني سأنقلك من هذه المحطة إلى أي محطة تختارها في خط سير هذه الحافلة حتى المحطة النهائية للحافلة إذا دفعتَ الأجرة وهي ثلاث ريالات". فإذا ركب أحمد الحافلة فقد انعقد العقد بين الطرفين، لأنه قد قبِل الإيجاب الذي قدمه السائق، حتى إن لم يتبادل أحمد والسائق أي كلمة على الإطلاق، وذلك وَفْقَ الشروط الضمنية التي يعرفها الطرفان. فبعد ركوب أحمد الحافلة لا يملك السائق الحق في أن يطلب من أحمد النزول من الحافلة بسبب أن السائق تذكر موعد مباراة فريقه المفضل، ولا

[36] انظر مهارة البحث والتحليل من هذا الكتاب.

يملك أحمد أن يقول للسائق إنه كان يظن أن الرحلة مجانية. لذلك فعند النظر إلى وجود عقد بين الطرفين يجب ألا تحصر البحث عن المستند المكتوب، بل ابحث عن عناصر العقد القانونية.

إذا كان القانون الذي يحكم المسألة هو تشريع، فعليك تحديد درجة هذا التشريع، فقد يكون التشريع قانونًا أو لائحة تنفيذية مثلًا، هذا التحديد سيساعدك على الحكم في حالات التعارض، إذ يسود القانون على اللائحة ويسود الدستور على القانون (المقصود بالقانون هنا التشريع الذي تُصدِره الهيئة التشريعية مثل مجلس الشعب أو مجلس الشورى، في حين يُقصَد باللائحة التشريع الذي تصدره السلطة التنفيذية مثل الوزارة المختصَّة مثلًا). من المهم أيضًا تحديد القوانين التي تتقاطع هي والقانون الأصلي الذي حددته، سواء كان هذا التقاطع يخلق استثناءات من القاعدة، أم يخفف، أم يعدل من طبيعتها بأي صورة كانت.

كما ذكرنا سابقًا ففي دول القانون العام (common law) فإن القانون لا يقتصر على التشريعات، بل يشمل أيضًا السوابق القضائية التي ترسيها المحاكم حيث تكون للسابقة القانونية الإلزام القانوني نفسه للتشريع. بل إن الأصل في دول القانون العام هو السوابق القضائية أو ما يسمى (judge-made law) لأنها سبقت التشريع. وعلى الرغم من الاختلاف الواضح بين نظام القانون المدني اللاتيني الذي تتبعه كل الدول العربية (ما عدا السودان إلى حد كبير) وبين نظام القانون العام، فإن السنوات الأخيرة شهدت تقاربًا مطَّردًا بين النظامين، إذ تتجه دول نظام القانون العام إلى تضمين السوابق القضائية في تشريعاتها، وتتجه دول نظام القانون المدني إلى إعطاء مزيد من القوة القانونية للمبادئ التي ترسيها المحاكم العليا لديها، وبذلك يتجه كل نظام في اتجاه الآخر.

المكون الرابع: التحليل (Analysis)

بعد أن حددت المسألة القانونية التي يرغب الموكل في حلها، ثم حددت القانون الذي يحكمها، عليك الانتقال إلى مرحلة التحليل القانوني بغرض تقديم الحلول. في هذه الفقرة من المذكرة عليك إنزال الوقائع المتعلقة بالمسألة القانونية على القاعدة أو القواعد القانونية التي تحكمها لتعرُّف

موضع المسألة من حيث انطباق القانون (Albright، Legal Research, Analysis, and Writing ، 2014، صفحة 499).

من المهم أن تدرك أن العميل يريد حلًّا عمليًا للمشكلة يمكن تطبيقه ولا تهمه "الحذلقة" القانونية، لذلك يجب أن تكون العبارات مُبسَّطة دون تفاصيل قانونية مطولة. كما يجب استخدام عبارات ولغة تتناسب ومكانة الموكِّل ودرجة استيعابه الموضوعَ. فإذا كان الموكِّل هو مستشار قانوني داخلي في شركة فسيرحب بالتفاصيل القانونية، ولا بأس من استخدام المصطلحات القانونية لأنها ستختصر الوقت وتوصل المعنى بصورة أسهل. ولكنَّ ذلك لا ينطبق في حالة العميل غير القانوني، إذ ستصيبه التفاصيل والمصطلحات القانونية بالإرباك والحيرة.

من المهم تقديم إجابات واضحة ومحددة قدر الإمكان، بدلًا من تقديم عبارات فضفاضة لا تشير إلى رأي محدد، إذ إن ذلك لا يخدم مصلحة العميل في شيء. لكنْ في الواقع هذه المسألة ليستْ سهلة في كل الحالات ولذلك في حالة كون القانون غير واضح أو يحمل عدة تفسيرات بحيث لم يستقر القانون على إجابة محددة، فعليك الإشارة إلى ذلك صراحة. كما يجب أن يترجم التحليل القانوني إلى خيارات محددة يمكن تنفيذها، مع بيان السلبيات والإيجابيات لكل خيار. وهنا عليك تذكر أن المحامي ليس صاحب القرار، بل ينحصر واجبه في أن يُمكِّن الموكل من إصدار قرار مبني على المعرفة الصحيحة بنتائجه القانونية (Rylance، 2012، صفحة 101)، فلو اختار العميل ما يخالف النصيحة القانونية، فإن المحامي يكون قد أدى واجبه، إذا كان قد قدَّم بيانًا قانونيًا لنتائج مثل ذلك الاختيار، وعليه تنفيذ اختيارات العميل ما لم تتعارض هي والقانون أو أخلاقيات المهنة، وإن لم يوافق عليها هو بصورة شخصية. وفي الواقع العملي قد تكون هذه المسألة تشوبها صِعاب عدَّة، فقد يشعر المحامي بأن مُوكِّله لا يثق به إذا اختار الموكِّل تجاهل نصيحة المحامي، وهذا ما قد يعوق العمل بين الطرفين.

لكنْ على المحامي الانتباه لحدود الاستشارة القانونية ونطاقها، بحيث لا يندفع لتقديم نصائح خارج نطاق خبرته القانونية ونطاق ممارسته، ولذلك فلا بأس من أن يستشير المحامي محاميًا آخر متخصصًا في المجال القانوني المعيَّن (وفي بعض الحالات يكون ذلك واجبًا على المحامي).

المكون الخامس: الخلاصة (Conclusion)

المكون الأخير في الاستشارة هو الخلاصة. إن تقديم عدة خيارات عملية لا يكفي، بل عليك أن تُميّز بينها وتُمحِّصها لتوصي العميل بتبني أحد الخيارات، مع تقديم أسباب منطقية لتبني ذلك الخيار (Rylance، 2012، صفحة 101). قد تتمثل الخلاصة في ضرورة إجراء مزيد من البحث في مسألة معينة أو الاستعانة بخبير أو التفاوض بشأن معين، لكنْ في النهاية يجب أن تكون الخلاصة في شكل حل عملي، لأن ذلك هو ما يطلبه العميل من الاستشارة.

لقد سبق أن ذكرت أنك ستصيغ ملخصَ التوصية الذي قدمته ضمن المكون الأول بعد أن تكون قد وصلت إلى المكون الخامس، لكنْ عليك مراجعة ذلك للتأكد من التناسق بين الملخص ومكون الخلاصة لأهميته.

الخلاصة النهائية

تُشكِّل المكونات الخمسة العناصرَ الأساسية التي تحتوي عليها مذكرة الاستشارة القانونية، ولتعرُّف خطوات الصياغة يمكن الرجوع إلى الجزء الأول من هذا الكتاب. لكن0 علينا الانتباه أن لكل مقام مقال، إن هذا الطرح لن يتناسب هو وجميع الاستشارات المقدمة في جميع المواقف، بل يعتمد ذلك بصفة أساسية على ماهية المسألة ودرجة تعقيدها وظروف العميل نفسه، لكنْ يظل الإطار العام واحدًا، وهو ضرورة أن تمثل الاستشارة حلًّا عمليًّا لمشكلة قانونية يواجهها العميل بصرف النظر عن الشكل الذي قُدِّمَتْ فيه الاستشارة.

بالنسبة إلى المستشارين الداخليين للشركات فإن تقديم الاستشارات القانونية يُشكِّل جزءًا من العمل اليومي، وقد تتنوع الاستشارات التي يقدمونها بحسب طبيعة عمل الشركة وثقافتها. وقد يكون تقديم الاستشارة بصورة أقل رسمية أو حتى شفاهة، لكنْ في كل الأحوال فإن إيجاد إطار مرجعي بصورة مُنظَّمة يساعد على تقديم استشارة فعَّالة وذات قيمة، ويساعد المستشار على التفكير بصورة أكثر تنظيمًا واحترافية.

نمازج صحيفة الدعوى

نماذج صحيفة دعوى

في هذا الجزء من الكتاب أقدم لك نماذج يمكنك استخدامها في صياغة صحف الدعاوى التي تُقدِّمها للمحاكم (أو هيئات التحكيم). هذه النماذج يمكن تعديلها بالحذف والإضافة التي تناسب ظروف وطبيعة الملف الذي تعمل عليه والوقائع الخاصة بكل حالة.

نموذج مطالبة بدين تِجاري

أمام محكمة [اسم المحكمة]

الدائرة التِّجارية

التاريخ: .../.../...... م

رقم الإشارة: ....

في ما بين: شركة التجارة المربحة ش. م. م (المدعية)

العنوان: [اذكر عنوان الشركة]

يمثلها [اكتب اسم مكتب المحاماة وعنوانه إن وُجِدَ]

ضد: مؤسسة التوزيع الفلانية ش. م. م (المدعى عليها)

العنوان: [اذكر عنوان المؤسسة]

يمثلها: [اذكر اسم مكتب المحاماة وعنوانه إن وُجِدَ]

فضيلة قاضي المحكمة الابتدائية الموقَّر

[اسم المحكمة الرسمي]

بعد السلام عليكم ورحمة الله وبركاته

الموضوع: صحيفة دعوى للمطالبة بمديونية قدرها 100 ألف درهم هي ثمن بضاعة لم يُسدَّد ثمنها.

مُلخَّص الدعوى

أقيمت هذه الدعوى للمطالبة بثمن بضاعة قيمتها 100 ألف درهم إماراتي سلَّمتها الشركةُ المدعيةُ للمؤسسة المدعى عليها وَفْقَ عقد بيع صحيح، ولكنَّ المؤسسة أخفقت في سداد الثمن. وعليه تُطالب الشركة بقيمة البضاعة بالإضافة إلى التكاليف والمصروفات بمبلغ 15 ألف درهم.

[ملحوظة: هذه الفقرة اختيارية، ولكني أنصح بها خاصة إذا كانت الدعوى تتعلق بموضوع معقَّد لأنها تُمهِّد الأرضية لفهم الدعوى، ومن ثَمَّ تقبل وجهة النظر التي تنادي بها].

وقائع الدعوى

1. الشركة المدعية تعمل في مجال بيع قطع غيار السيارات في مدينة الأحلام، وهي مسجلة وَفْقَ الأصول شركةً محدودةَ المسؤولية.

2. بتاريخ 1 يناير 2022 طلبتِ المؤسسة المدعى عليها من الشركة شراء قطع غيار للسيارات من خلال طلب شراء أرسلته المؤسسة إلى الشركة المدعية.
مستند ادعاء رقم 1 – طلب شراء من المؤسسة.

3. بتاريخ 4 يناير 2022 أرسلت الشركة المدعية فاتورة توضح سعر البضاعة ونوعها وزمان التسليم وطريقته، وتسلمتها المؤسسة في اليوم نفسه وقبلت العرض الذي قدَّمته الشركة وحرَّرت بذلك رسالة بالقبول بشروط العرض.
مستند ادعاء رقم 2 – فاتورة عرض الأسعار المقدَّم من الشركة المدعية.
مستند ادعاء رقم 3- رسالة المؤسسة بقبول عرض الأسعار والموافقة عليه.

4. بناء على تبادل العرض والقبول بين الطرفين يتضح انعقاد العقد، وعليه سلَّمت الشركةُ المدعيةُ البضاعةَ المتفقَ عليها لمخازن المؤسسة المدعى عليها في تاريخ 10 يناير 2022 ووقَّعتِ المؤسسة المدعى عليها بتسلُّم البضاعة وَفْقَ مواصفات فاتورة عرض الأسعار.

مستند ادعاء رقم 4 – إقرار المؤسسة بتسلُّم البضاعة.

5. طالبت الشركة المدعية المؤسسةَ بسداد ثمن البضاعة، ولكنَّ المؤسسة أخفقت في السداد، وظلت تماطل في الدفع رغم المطالبات المتكررة.

6. بعد مُضِيِّ شهر من التسليم أي بتاريخ 10 فبراير 2022 أنذرت الشركة المدعية المؤسسة مطالبة بالسداد، ولكنَّ المؤسسة المدعى عليها رفضت السداد.

مستند ادعاء رقم 5 – الإنذار الذي سلَّمته الشركة المدعية للمؤسسة وعليه توقيع المؤسسة بالتسلُّم.

[**ملحوظة**: اسردْ وقائع الدعوى الجوهرية التي تشرح طبيعة العَلاقة بين الطرفين والأحداث المتعلقة بالعقد أو سبب نشأة الدَّيْن. مثلًا اختر الوقائع التي تشير إلى نشأة الدَّيْن لمصلحة موكلك، وكيف نفَّذ موكلك ما عليه من التزامات في حين خالفت المدعى عليها العقد].

إنزال القانون على الوقائع

7. يتضح مما سبق ذكره من الوقائع توافر جميع أركان العقد من إيجاب قدمته الشركة وقبول عرضته المؤسسة، وعليه انعقد العقد بين الطرفين. وإذ إن القانون والفقه قد استقرَّا على قاعدة "العقد شريعة المتعاقدين"، وإذ إن الفقرة (5) من العقد قد نصَّت على إلزام المؤسسة بسداد مبلغ 100 ألف درهم ثمنًا للبضاعة حيث جاء فيها (...وتلتزم المؤسسة بسداد مبلغ 100 ألف درهم للشركة في اليوم التالي لتسلُّم البضاعة)، عليه يتضح أن ذمة المؤسسة قد شُغِلَتْ بمبلغ المديونية التي نصَّت عليها الفقرة (5) من العقد.

8. لقد أقرتِ المؤسسة بالمديونية من خلال مستند الادعاء رقم (4) الذي يوضح تسلُّمها البضاعة، وقد أرفقتِ الشركة المدعية أدلة الادعاء اللازمة التي تثبت نشأة الالتزام. وعليه تلتمس الشركة المدعية الحكم بإلزام المدعى عليها بما ألزمتْ به نفسها وفقَ المادة (...) من قانون المعاملات المدنية.

9. في سبيل المطالبة بالمديونية كابدتِ المدعية مصروفات قانونية وقضائية بمبلغ 15 ألف درهم.

مستند ادعاء رقم 6 – فاتورة المصروفات القانونية بمبلغ 15 ألف درهم.

[**ملحوظة**: عليك بتقديم تحليل قانوني مستند إلى الوقائع يخلص إلى أن القانون يدعم مطالبة موكلك وتؤيد ذلك بأدلة من الوقائع مع ربطها بالقانون الذي يحكمها في تسلسل منطقي].

الطلبات

تلتمس المدعية من المحكمة الموقَّرة الحكم لها بالآتي:

6. إلزام المؤسسة المدعى عليها بسداد مبلغ 100 ألف درهم وفقَ العقد بين الطرفين.
7. إلزام المؤسسة المدعى عليها بسداد مبلغ المصروفات وهي 15 ألف درهم.

[**ملحوظة**: بعد التشاور مع موكلك عليك بتقديم طلبات واضحة ومحددة للمحكمة].

مع خالص الشكر والاحترام

[اسم المحامي واسم المكتب]

ع/ الشركة المدعية

حافظة المستندات المؤيدة للدعوى

رقم	اسم المستند	دلالته في الإثبات
1	مستند ادعاء رقم 1 – طلب شراء من المؤسسة	إثبات عناصر العقد بين الطرفين
2	مستند ادعاء رقم 2 – فاتورة عرض الأسعار المقدمة من الشركة المدعية	إثبات ركن الإيجاب في العقد
3	مستند ادعاء رقم 3- رسالة المؤسسة بقبول عرض الأسعار والموافقة عليه	إثبات انعقاد العقد
4	مستند ادعاء رقم 4 – إقرار المؤسسة بتسلُّم البضاعة	إثبات التزام المؤسسة المدعى عليها المديونيةَ وهي 100 ألف درهم
5	مستند ادعاء رقم 5 – الإنذار الذي سلَّمته الشركة المدعية للمؤسسة وعليه توقيع المؤسسة بالتسلُّم	إثبات قيام الشركة بإنذار المؤسسة
6	مستند ادعاء رقم 6 – فاتورة المصروفات القانونية بمبلغ 15 ألف درهم	إثبات المطالبة بالتعويض عن المصروفات

نموذج دعوى مطالبة بسداد أجرة

أمام محكمة [اسم المحكمة]

الدائرة [اسم الدائرة المختصة]

التاريخ: .../.../...... م

رقم الإشارة: ....

في ما بين: شركة ملاك العقارات الفلانية ش. م. م (المدعية)

العنوان: [اذكر عنوان الشركة]

يمثلها [اكتب اسم مكتب المحاماة وعنوانه أن وُجِدَ]

ضد: مؤسسة التوزيع الفلانية ش. م. م (المدعى عليها)

العنوان: [اذكر عنوان المؤسسة]

يمثلها: [اذكر اسم مكتب المحاماة وعنوانه إن وُجِدَ]

فضيلة قاضي المحكمة الابتدائية الموقر

[اسم المحكمة الرسمي]

بعد السلام عليكم ورحمة الله وبركاته

الموضوع: صحيفة دعوى إيجارات للمطالبة بمبلغ 30 ألف درهم هي أجرة مستحقة لثلاثة أشهر.

ملخص الدعوى

أُقيمت هذه الدعوى للمطالبة بأجرة قدرها 30 ألف درهم إماراتي تمثل أجرة ثلاثة أشهر. أجَّرت الشركة المدعية شقة للمؤسسة المدعى عليها وَفْقَ عقد إيجار صحيح، وبأجرة شهرية قدرها 10 ألف درهم شهريًّا، ولكنَّ المؤسسة أخفقتْ في سداد أجرة ثلاثة أشهر. وعليه تطالب الشركة بقيمة الأجرة بالإضافة إلى التكاليف والمصروفات بمبلغ 5 آلاف درهم.

وقائع الدعوى

1. الشركة المدعية تعمل في مجال تأجير العقارات في مدينة الأحلام، وهي مسجلة وَفْقَ الأصول شركةً محدودةَ المسؤولية.

2. بتاريخ 1 يناير 2022 طلبت المؤسسة المدعى عليها من الشركة تأجير عقار هو شقة في مبنى تملكه الشركة.
مستند ادعاء رقم 1 – عقد الإيجار المُبرَم بين الطرفين.

3. تسلَّمت المؤسسة المدعى عليها الشقة موضوع العقد واستخدمتها مكاتب إدارية للمؤسسة المدعى عليها. لكنْ بعد مضي عدة أشهر توقفتِ المؤسسة المدعى عليها عن سداد أجرة الشقة موضوع العقد. بتاريخ 4 يناير 2022 أرسلت المدعية فاتورةً تُوضِّح المبالغ المستحقة السداد.
مستند ادعاء رقم 2 – مستند تسلُّم المؤسسة المدعى عليها الشقةَ المؤجرةَ.
مستند ادعاء رقم 3 – فاتورة المطالبة بالأجرة المستحقة في ذمة المؤسسة المدعى عليها.

4. طالبت الشركةُ المدعيةُ المؤسسةَ بسداد ثمن الأجرة، ولكنَّ المؤسسة أخفقت في السداد وظلت تماطل في الدفع رغم المطالبات المتكررة.
5. بتاريخ 10 فبراير 2022 أنذرت الشركة المدعيةُ المؤسسةَ مطالبةً بالسداد، ولكنَّ المؤسسة المدعى عليها رفضت السداد.

مستند ادعاء رقم 4 – الإنذار الذي سلَّمته الشركة المدعية للمؤسسة وعليه توقيع المؤسسة بالتسلُّم.

[**ملحوظة**: اسرد وقائع الدعوى الجوهرية التي تشرح طبيعة العَلاقة بين الطرفين والأحداث المتعلقة بالعقد أو سبب نشأة الدَّيْن. مثلًا اختر الوقائع التي تشير إلى نشأة الدَّيْن لمصلحة موكلك وكيف نفَّذ موكلك ما عليه من التزامات في حين خالفت المدعى عليها العقد].

إنزال القانون على الوقائع

6. يتضح مما سبق ذكره من الوقائع توافر جميع أركان عقد الإيجار من خلال إيجاب قدمته الشركة وقبول عرضته المؤسسة، وعليه انعقد العقد بين الطرفين. وإذ إن القانون والفقه قد استقرَّا على قاعدة "العقد شريعة المتعاقدين"، وإذ إن الفقرة (7) من العقد قد نصَّت على إلزام المؤسسة بسداد مبلغ 10 ألف درهم هو الأجرة الشهرية، حيث جاء فيها (...وتلتزم المؤسسة بسداد مبلغ 10 ألف درهم للشركة كأجرة شهرية تُدفع في اليوم الأول من الشهر الميلادي)، عليه يتضح أن ذمة المؤسسة قد شُغِلَتْ بمبلغ المديونية الذي نصت عليه الفقرة (7) من العقد.
7. لقد أقرَّت المؤسسة بالمديونية من خلال مستند الادعاء رقم (2) الذي يُوضِّح تسلُّمها العقارَ، وقد أرفقت الشركة المدعية أدلة الادعاء اللازمة التي تثبت نشأة الالتزام. وعليه تلتمس الشركة المدعية إلزام المدعى عليها بما ألزمتْ به نفسَها وَفْقَ المادة (...) من قانون المعاملات المدنية.
8. في سبيل المطالبة بالمديونية كابدتِ المدعية مصروفات قانونية وقضائية بمبلغ 5 ألف درهم.

مستند ادعاء رقم 5 – فاتورة المصروفات القانونية بمبلغ 5 ألف درهم.

[**ملحوظة**: عليك بتقديم تحليل قانوني مستند إلى الوقائع يخلص إلى أن القانون يدعم مطالبة موكلك، وتؤيد ذلك بأدلة من الوقائع مع ربطها بالقانون الذي يحكمها في تسلسل منطقي].

الطلبات

تلتمس المدعية من المحكمة الموقرة الحكم لها بالآتي:

1. إلزام المؤسسة المدعى عليها بسداد مبلغ 30 ألف درهم وَفْقَ العقد بين الطرفين.
2. إلزام المؤسسة المدعى عليها بسداد مبلغ المصروفات وهي 5 آلاف درهم.

[**ملحوظة**: بعد التشاور مع موكلك عليك بتقديم طلبات واضحة ومحددة للمحكمة].

مع خالص الشكر والاحترام

[اسم المحامي واسم المكتب]

ع/ الشركة المدعية

حافظة المستندات المؤيدة للدعوى

رقم	اسم المستند	دلالته في الإثبات
1	مستند ادعاء رقم 1 – عقد الإيجار المبرَم بين الطرفين	إثبات عناصر العقد بين الطرفين
2	مستند ادعاء رقم 2 – مستند تسلُّم المؤسسة المدعى عليها للشقة	إثبات انعقاد العقد
3	مستند ادعاء رقم 3 – فاتورة المطالبة بالأجرة المستحقة في ذمة المؤسسة المدعى عليها	إثبات التزام المؤسسة المدعى عليها بالمديونية وهي 30 ألف درهم
4	مستند ادعاء رقم 4 – الإنذار الذي سلَّمته الشركة المدعية للمؤسسة وعليه توقيع المؤسسة بالتسلُّم	إثبات قيام الشركة بإنذار المؤسسة
5	مستند ادعاء رقم 6 – فاتورة المصروفات القانونية بمبلغ 5 ألف درهم	إثبات المطالبة بالتعويض عن المصروفات

نموذج دعوى عمالية

أمام محكمة [اسم المحكمة]

الدائرة العمالية

التاريخ: .../.../...... م

رقم الإشارة: ....

فيما بين: الأستاذة المجتهدة (المدعية)

يمثلها [اكتب اسم مكتب المحاماة وعنوانه إن وُجِدَ]

ضد: مؤسسة التوزيع الفلانية ش. م. م (المدعى عليها)

العنوان: [اذكر عنوان المؤسسة]

يمثلها: [اذكر اسم مكتب المحاماة وعنوانه إن وُجِدَ]

فضيلة قاضي المحكمة الابتدائية الموقر

[اسم المحكمة الرسمي]

بعد السلام عليكم ورحمة الله وبركاته

الموضوع: صحيفة دعوى عمالية للمطالبة بمبلغ 15 ألف درهم هو تعويض عن فصل تعسفي

ملخص الدعوى

أقيمت هذه الدعوى للمطالبة بالتعويض عن الفصل التعسفي وذلك التعويض هو مبلغ 15 ألف درهم إماراتي يُمثِّل راتب ثلاثة أشهر. وظَّفت المؤسسة المدعى عليها المدعية في وظيفة سكرتيرة إدارة براتب شهري قدره 5 آلاف درهم شهريًّا وَفْقَ عقد عمل صحيح. ولكنَّ المؤسسة أنهت عقد العمل قبل أوانه فاستحقتِ المدعية راتب ثلاثة أشهر. وعليه تطالب المدعية بقيمة الأجرة بالإضافة إلى التكاليف والمصروفات بمبلغ 5 آلاف درهم.

وقائع الدعوى

1. المؤسسة المدعى عليها تعمل في مجال تأجير العقارات في مدينة الأحلام، وهي مسجلة وَفْقَ الأصول شركةً محدودةَ المسؤولية.

2. بتاريخ 1 يناير 2022 وظَّفتِ المؤسسة المدعى عليها المدعيةَ في وظيفة سكرتيرة تنفيذية بأجرة شهرية قدرها 5 آلاف درهم شهريًّا لمدة سنة.
مستند ادعاء رقم 1 – عقد العمل المبرم بين الطرفين.

3. باشرت المدعية عملها مع المؤسسة المدعى عليها. وقبل انتهاء مدة العقد بثلاثة أشهر فصلتِ المدعى عليها المدعيةَ عن العمل بالمخالفة لأحكام العقد والقانون.
4. بتاريخ 10 فبراير 2022 أنذرتِ المدعيةُ المؤسسةَ مطالبةً بالتعويض، ولكنَّ المؤسسة المدعى عليها رفضتِ السداد. وعليه سجَّلت المدعية شكوى عمالية ضد المؤسسة المدعى عليها في مكتب العمل المختص بالشكاوى في مدينة الأحلام.

مستند ادعاء رقم 2 – خطاب إنهاء عقد عمل المدعية.

مستند ادعاء رقم 3 – طلب الشكوى الذي قدَّمته المدعية.

[**ملحوظة**: اسرد وقائع الدعوى الجوهرية التي تشرح طبيعة العلاقة بين الطرفين والأحداث المتعلقة بالعقد أو سبب نشأة الالتزام القانوني. مثلًا اختر الوقائع التي تشير إلى نشأة الدَّيْن لمصلحة موكلك، وكيف نفَّذ موكلك ما عليه من التزامات في حين خالفت المدعى عليها العقد].

إنزال القانون على الوقائع

5. يتضح مما سبق ذكره من الوقائع توفُّر جميع أركان عقد العمل من خلال العقد الموقع بين الطرفين. وإذ إن القانون والفقه قد استقرَّا على قاعدة العقد شريعة المتعاقدين، وإذ إن الفقرة (3) من العقد قد نصَّت على التزام المؤسسة بسداد مبلغ 5 آلاف درهم هو الراتب الشهري، إذ جاء فيها (...وتلتزم المؤسسة بسداد مبلغ 5 آلاف درهم للموظفة راتبًا شهريًّا يدفع في اليوم الأول من الشهر الميلادي). وإذ إن مدة العقد هي سنة كاملة وقد أنهت المدعى عليها العقد قبل حلول الأجل المتفق عليه تكون المدعى عليها مُتعسِّفة وتستحق المدعية أجرة المدة المتبقية من عقد العمل وهي ثلاثة أشهر.

6. عليه يتضح أن ذمة المؤسسة قد شُغِلتْ بمبلغ المديونية التي نصت عليها الفقرة (3) من العقد. لقد أرفقتِ المدعية أدلة الادعاء اللازمة التي تثبت نشأة الالتزام. وعليه تلتمس المدعية بإلزام المؤسسة المدعى عليها بما ألزمت به نفسها وفقَ المادة (...) من قانون العمل.

7. في سبيل المطالبة بالمديونية كابدت المدعية مصروفات قانونية وقضائية بمبلغ 5 آلاف درهم.

مستند ادعاء رقم 4 – فاتورة المصروفات القانونية بمبلغ 5 آلاف درهم.

[**ملحوظة**: عليك بتقديم تحليل قانوني مستند إلى الوقائع يخلص إلى أن القانون يدعم مطالبة موكلك وتؤيد ذلك بأدلة من الوقائع مع ربطها بالقانون الذي يحكمها في تسلسل منطقي].

الطلبات

تلتمس المدعية من المحكمة الموقرة الحكم لها بالآتي:

1. إلزام المؤسسة المدعى عليها بسداد مبلغ 15 ألف درهم كتعويض عن الفصل التعسفي وفقَ العقد بين الطرفين.

2. إلزام المؤسسة المدعى عليها بسداد مبلغ المصروفات وهي 5 ألف درهم.

[**ملحوظة**: بعد التشاور مع موكلك عليك بتقديم طلبات واضحة ومحددة للمحكمة].

مع خالص الشكر والاحترام

[اسم المحامي واسم المكتب]

ع/ الشركة المدعية

حافظة المستندات المؤيدة للدعوى

رقم	اسم المستند	دلالته في الإثبات
1	مستند ادعاء رقم 1 – عقد العمل المبرم بين الطرفين	إثبات عناصر العقد بين الطرفين
2	مستند ادعاء رقم 2 – خطاب إنهاء عقد عمل المدعية	إثبات الفصل التعسفي وإخلال المدعى عليها
3	مستند ادعاء رقم 3 – طلب الشكوى الذي قدمته المدعية	إثبات التزام المدعية بإجراءات قانون العمل
4	مستند ادعاء رقم 4 – فاتورة المصروفات القانونية بمبلغ 5 آلاف درهم	إثبات المطالبة بالتعويض عن المصروفات

قائمة المراجعة قبل تقديم صحيفة الدعوى

المرحلة الأولى البحث القانوني

1. **تحديد الوقائع**: الوقائع الجوهرية المتعلقة بالملف

- كيف حصلت على هذه المعلومات؟
- إذا كان مصدر الوقائع هو العميل، فما البحث المستقل الذي يمكن أن تستخدمه للتأكد من إلمامك بجميع النواحي المتعلقة بالوقائع؟
- كيف يمكنك أن ترشد العميل إلى نوعية الأدلة التي تخدم قضيته؟

2. **تحديد القانون الواجب التطبيق**: حدد القانون الذي يحكم الوقائع التي قمت بتحديدها

- ما درجة هذا القانون (تشريع/دستور/ لائحة تنفيذية... إلخ)؟
- ما القوانين الأخرى التي يمكن أن تتقاطع وهذا القانون؟ كيف يمكنك الاستفادة من هذا التقاطع في بناء المستند الذي تعمل عليه؟

3. **إنزال القانون على الوقائع**: حدد القاعدة/ القواعد القانونية التي يطرحها القانون

- ما أركان هذه القاعدة/ القواعد؟ هل تشير الوقائع إلى تحقق أركان القاعدة؟ كيف يمكنك الاستفادة من ذلك في صياغة الصحيفة؟

4. ارسم مخططاً للدفوع التي تنوي استخدامها مع رسم خطة للتعامل مع الدفوع/ الأدلة المناهضة.

المرحلة الثانية: أعمال المراجعة

5. هل قرأتَ المُسوَّدة بصوت مسموع لكي تتعرَّف مواقع التناغم ومواقع النشاز/ الخلل؟

6. هل راجعتَ الخطة التي أعددتَها في مرحلة البحث والتحليل مع المُسوَّدة التي صِغتها؟ هل خرجتَ عن الخطة؟ إذا كانت الحال كذلك، ما الأسباب؟
7. هل غطيتَ جميع العناصر المضمنة في الخطة؟

المرحلة الثالثة: مراجعة التفاصيل

8. هل راجعتَ التفاصيل للتأكد من صحتها (مثل الأسماء/ المبالغ/ التواريخ/الأرقام)؟
9. هل ما زال القانون الذي استندت إليه في عملية البحث القانوني هو القانون الساري حاليًّا؟ هل حدثت أيُّ تعديلات جديدة؟
10. هل توجد قوانين أخرى تتقاطع والقانون الأساسي الذي يحكم المُسوَّدة؟ كيف استفدت من هذه التقاطعات في حال وجودها؟
11. هل راجعتَ المستند للتأكد من خلوه من الأخطاء الإملائية والنحوية؟
12. ما الوسيلة الإلكترونية التي تستخدمها للمراجعة؟
13. هل تأكدت أن الوسيلة الإلكترونية التي استخدمتها لم تغفل عن كلمات صحيحة من ناحية قواعد الإملاء، ولكنها ليست الكلمات المقصودة؟
14. هل عرضتَ المُسوَّدة على صديق أو شخص آخر لكي يعطيك رأيًا مستقلًّا؟
15. هل وضَّحت لهذا الشخص النواحي التي ترغب في الحصول على رأيه فيها ومتى تتوقع الحصول على الرد؟
16. هل تسلَّمتَ الملاحظات التي حصلت عليها وراجعتها؟
17. إذا كنتَ قد قررت عدم قبول أي من الملاحظات التي حصلت عليها، فهل كان هذا القرار مبنيًّا على أسباب منطقية أم أسباب منبعها العاطفة؟
18. هل كرَّرتَ عمليات المراجعة؟

الخاتمة النهائية

لقد سعدتُ بصحبتك في هذا الكتاب ضمن هذه الرحلة التي سبرنا فيها أغوار المهارات الخمس للصياغة الاحترافية التي تُعِدُّك لتحقيق ما تصبو إليه في حياتك المهنية، ثم سرنا معًا في أرجاء الجزء الثاني من الكتاب لنتعرَّف أهم تطبيقات المهارات الخمس في الحياة العملية.

لقد أصبحتَ الآن متسلحًا بأدوات الصياغة القانونية الاحترافية وإستراتيجياتها بعد أن أكملتَ هذه الرحلة الاستثنائية في المعرفة. لقد أصبحتَ الآن ضمن فئة النخبة التي تُخطِّط للارتقاء بمهنة القانون وللتحكم في مستقبلها المهني، وأحب أن أجزل لك التهنئة على إصرارك وعلى اجتهادك.

لقد كانت رحلة رائعة وملهمة وأرجو أن تكون قد استمتعت بها أيضًا.

كيف يمكنك الاستفادة من هذه المهارات لزيادة النجاح المهني؟

بالإضافة إلى الاستخدامات المعروفة للمهارات التي تعلمتها في هذا الكتاب، فإني أدعوك إلى أن تكون منفتحًا على المجالات غير التقليدية التي يمكنك فيها استخدام مهاراتك في الكتابة، بحيث تكون أكثر إبداعًا وابتكارًا، وتفكر خارج الصندوق. السر في النجاح المهني يكمن في زيادة نطاق الفائدة من العمل الذي تُقدِّمه، أي زيادة القيمة من خلال النوع (زيادة جودة صياغة المستند) ومن حيث الكم (زيادة عدد المستفيدين من خدماتك). في هذا المجال يمكن تقسيم هذا العمل إلى قسمين:

1. استخدام مهاراتك للترقي ضمن عملك الحالي:

بإتقانك المهارات الخمس فإنك تفتح لنفسك أبواب التقدم المهني داخل مؤسستك أو شركتك أو مكتب المحاماة الذي تعمل فيه. ستصبح أكثر قدرة على إتقان المهام المُوكَلة إليك، وستزداد جودة المخرجات التي تقدمها إلى مؤسستك، وستزداد ثقة رؤسائك في العمل والأقسام التي تتعامل معها لأنك تقدم مستندات مُتقَنة الصياغة، وتساعدهم على حل مشكلاتهم القانونية بسرعة وفعَّالية.

وبزيادة الثقة ستُوكَل إليك مهام أكبر ومسؤوليات أعظم في إدارة فريق العمل، وهذا ما سيعمل على تحقيق الإشباع المادي والمعنوي. وكلما تحسن أداؤك سيزداد العائد الذي تحصل عليه، وهذا ما يُشجّعك على مزيد من التحسن الذي بدوره سيؤدي إلى مزيد من العائد، ومن ثَمَّ تكون في حلقة مُتصلة من النجاحات المتتالية، وسيزداد شغفك واهتمامك بالكتابة وإتقانها.

وعندما تلاحظ التقدم الذي تحرزه سيحفزك ذلك على تجربة مجالات جديدة في العمل القانوني أو خارج العمل القانوني، من خلال الانخراط مع الأقسام الأخرى في المشاريع التي تعمل فيها الشركة. فمثلًا يمكنك مساعدة موظفي الإدارة المالية على صياغة نماذج مستندات بشكل يلبي احتياجاتهم، أو مساعدة قسم الموارد البشرية في إعداد عقود التوظيف أو سياسات الشركة. فكلما زدت نطاق القيمة التي تقدمها ازدادتْ قيمتك داخل المؤسسة، وفُتِحَتْ أبواب التقدم المهني أمامك.

2. استخدام مهارات الكتابة خارج نطاق عملك

بإتقانك المهارات الخمس يمكنك نقل المعرفة التي تراكمت لديك (من خلال عملك أو من خلال هواياتك أو من أي طريق آخر) إلى أشخاص آخرين لا يملكون المعرفة التي تحملها. فقد تكون مررت بتجارب عملية أو مشكلات وتوصلت إلى حلول لهذه المشكلات في أثناء تعاملك معها، ومن ثَمَّ فإن نشر هذه المعرفة سيفيد فئتين من الناس:

1. الفئة التي لا تملك المعرفة التي حصلت عليها.

2. الفئة التي لن تستطيع الحصول على هذه المعرفة إلا بمرور وقت، ومن ثَمَّ فإنك توفر عليهم الزمن في التعلم من خلال المعرفة التي تطرحها الآن.

فحتى إن لم تكن متخصصًا في فرع معين من فروع القانون، فإن المعرفة التي تراكمت لديك من خلال التجارب العملية أو المشكلات التي استطعت حلها ستكون لها قيمة إذا قدمتها بطريقة إستراتيجية. ومن حسن الحظ فإن الإنترنت ووسائل التواصل الاجتماعي توفر لك المنصات

اللازمة لتقديم مثل هذه المعرفة للعالم، ابتداءً من صفحتك على الفيسبوك أو لينكدإن، ومرورًا بموقعك الإلكتروني، وانتهاءً بتكوين كورس متخصص مثل دورة المهارات الخمس لكتابة قانونية رفيعة الذي ستجد معلومات عنه في الموقع www.aimankhair.com

لتعرُّف كيفية صناعة دورة تعليمية باستخدام مهارتك في الكتابة يمكنك الاطلاع على الموقع التالي: https://mastermind.com/ وهو الموقع نفسه الذي استخدمتُه في صناعة الدورات التعليمية ومنها دورات الصياغة القانونية الاحترافية ويمكنك زيارة الموقع www.aimankhair.com لمعرفة المزيد.

عليك التفكير في زيادة رقعة المستفيدين من كتابتك، وكلما استطعتَ زيادة هذه الرقعة وعملت على زيادة القيمة وجودة هذه الكتابة، استطعت تحقيق دخل إضافي لنفسك، لأن الدخل يتبع القيمة التي تقدمها.

في الختام أرجو أن يكون هذا الكتاب قد شكَّل عنصر إلهام لك، أو أضاف إلى معارفك فكرًا أو أفكارًا جديدة لكي تتواصل أنت والعبقرية الكامنة لديك، والمواهب التي وهبها إياك الله. لقد أجمع الخبراء على أننا نستخدم ما لا يزيد على 5 % إلى 7 % من الإمكانات العقلية التي وهبنا إياها الله، وعليه فإني على أتم الثقة بقدرتك على الإبداع، وعلى العمل للوصول بمسيرتك المهنية إلى المستوى التالي، لأن الإمكانات العقلية متوفرة لديك أصلًا، وكل ما تحتاج إليه هو أن تيقظها وتكتشفها.

لذلك فإني أرجو أن يكون هذا الكتاب بمنزلة الشرارة التي تُشعل فتيل الإبداع والتطور لديك، والله ولي التوفيق وهو أهل ذلك والقادر عليه.

المراجع

References

Adams, K. A. (2017). *A Manual of Style for Contract Drafting.* Chicago: ABA Publishing.

Albright, W. H. (2014). *Legal research, analysis, and writing.* New York: Delman, Engage Learning.

Albright, W. H. (2014). *Legal Research, Analysis, and Writing.* New York: Delmar, Cengage Learning.

Canavor, N. (2017). *Business Writing for dumies.* New Jersey: John Wiley & Sons, Inc.

Clark, R. P. (2006). *Writing Tool, 50 ESSENTIAL STRATEGIES FOR EVERY WRITER.* New York: Little, Brown and Company.

Clark, R. P. (2006). *Writing Tools, 50 Essential strategy for Every Writer.* New York: Little, Brown and Company.

Cohen, M. (2015). *Critical Thinking Skills for DUMMIES.* Chichester, West Sussex: John Wiley & Sons, Ltd.

Crofts, A. (2007). *The Freelance Writer's Handbook, How to turn you writing skills into a successful business.* London: Piatkus Boks.

Dubai International Financial Center (DIFC). (2022, June 9). *Law & Regulations.* Retrieved from Dubai International Financial Center: https://www.difc.ae/business/laws-regulations/

Duhigg, C. (2013). *The power of habit: Why we do what we do and how to change.* London: Random House Books.

Elwork, A. &. (1997). *Stress management for lawyers: How to increase personal & professional stisfaction in law.* Gwynedd: Vorkell Group.

Garner, B. A. (2013). *LEGAL WRITING IN PLAIN ENGLISH, A Text with Exercises.* Chicago: University of Chicago Press.

Gutmann, J. (2016). *Taking Minutes of Meetings.* London: Kogan Page Limited.

Khair, A. A. (2018). Insight into Sudan's Legal System: Dusting Off the Arab Wold's Only Common Law Jurisdiction. *MENA Business Law Review*, 42-45.

Landon, B. (2008). *Building Graet Sentences: Exploring the Writer's Craft.* Chantilly: The Great Courses.

Nordquist, R. (2019, August 12). *IRAC Method of Legal Writing.* Retrieved from ThoughtCo.: https://www.thoughtco.com/irac-legal-writing-1691083

Robbins, A. (1986). *Unlimited power.* New York: Free Press.

Rylance, P. (2012). *Writing and Drfating in Legal Practice.* New York: Oxford University Press Inc.

Spence, G. (1995). *How to Argue and Win Every Time.* New York: St. Martin's Press.

Trachtman, P. P. (2013). *The Tools of Argument, How the Best Lawyers Think, Argue and Win.* North Carolina: CreateSpace Independent Publishing Platform.

Wilbers, S. (2014). *Mastering the Craft of Writing, How to Wite with Clarity, Emphasis and Style.* Blue Ash: Writer's Digest Books.

آدم كوك و ستيورات كوك وتان. (2015). *سيطر على عقلك صمم مصيرك: إستراتيجيات مجربة تمكنك من تحقيق أي شي تريده في الحياة.* بدون مدينة: مكتبة جرير.

أرامكو السعودية .(2019) .*دليل التحرير العربي لأرامكو السعودية 2019* .قسم النشر- دائرة شؤون أرامكو السعودية.

الحياري, ا .(2020, مارس 5 .(*قواعد العدد و المعدود*). Retrieved from موضوع أكبر موقع عربي بالعالم: https://shorturl.at/eklrV

العمودي، س ,2021) .سبتمبر 13 .(*ما هو الفعل المعتل* Retrieved from .موضوع أكبر موقع عربي بالعلم : https://shorturl.at/zCHL8

أندرسون, م .(2008) .*مقولات عن التحفيز* .الرياض: مكتبة جرير.

تعامرة, ي ,2018) .يونيو 7 .(*تقديم المفعول به على الفاعل* Retrieved from ..موضوع أكبر موقع عربي بالعالم : https://mawdoo3.com/%D8%AA%D9%82%D8%AF%D9%8A%D9%85_%D8%A7%D9%84%D9%85%D9%81%D8%B9%D9%88%D9%84_%D8%A8%D9%87_%D8%B9%D9%84%D9%89_%D8%A7%D9%84%D9%81%D8%A7%D8%B9%D9%84

سامي صقر. (2018). *تعلم قواعد النحو والاعراب*. الشارقة: دار الأسرة للنشر و التوزيع.

سلسة الادارة التعليمية .(2019) .*اللغة العربية الفصل الدراسي الثاني* .مسقط: دار نهضة مزون للطباعة والنشر و الاعلان.

عاصي, ن .(2016) .*أروع الحكم والأقوال المأثورة* .بيروت: دار المؤلف.

عماد, ا ,2018) .ديسمبر 28 .(*لماذا اخترع الانسان الكتابة وما أهميتها ومراحل تطورها؟* Retrieved from .لماذا؟ : https://shorturl.at/uCFQ6

عوض الله, م ,2020) .مارس 5 .(*الممنوع من الصرف* Retrieved from .موضوع أكبر موقع عربي في العالم : https://mawdoo3.com/%D8%A7%D9%84%D9%85%D9%85%D9%86%D9%88%D8%B9_%D9%85%D9%86_%D8%A7%D9%84%D8%B5%D8%B1%D9%81

كوفي, س. آ .(2018) .*العادات السبع للناس الأكثر فعّالية: دروس فعّالة في التغيير الشخصي* .بدون مدينة: مكتبة جرير.

وزارة العدل بدولة الامارات العربية المتحدة ,2021) .أبريل 29 .(*بوابة القوانين و التشريعات* Retrieved from .وزارة العدل بدولة الامارات العربية المتحدةhttps://elaws.moj.gov.ae/mojANGULAR/index.aspx :

وزارة العدل و الشؤون القانونية ,2022) .يونيو 9 .(*التشريعات* Retrieved from .وزارة العدل و الشؤون القانونية : https://www.mjla.gov.om/legislation/laws/#

المراجع باللغة العربية

آدم كو وستيورات تان. (2015). سيطر على عقلك صمم مصيرك: إستراتيجيات مُجرَّبة تمكنك من تحقيق أي شي تريده في الحياة. بدون مدينة: مكتبة جرير.

إيمان الحيارى. (2020). *قواعد العدد والمعدود*. تم الرجوع بتاريخ 1 يوليو 2022 إلى موقع موضوع أكبر موقع عربي بالعالم : https://mawdoo3.com/%D9%82%D9%88%D8%A7%D8%B9%D8%AF_%D8%A7%D9%84%D8%B9%D8%AF%D8%AF_%D9%88%D8%A7%D9%84%D9%85%D8%B9%D8%AF%D9%88%D8%AF

إيمان عماد. (2018) . لماذا اخترع الإنسان الكتابة وما أهميتها ومراحل تطورها؟ تم الرجوع بتاريخ 4 يونيو 2022 إلى موقع: https://shorturl.at/qEUZ5

مبتسم عوض الله. (2020). *الممنوع من الصرف*.. تم الرجوع بتاريخ 1 يوليو 2022 إلى موقع موضوع أكبر موقع عربي بالعالم : https://mawdoo3.com/%D8%A7%D9%84%D9%85%D9%85%D9%86%D9%88%D8%B9_%D9%85%D9%86_%D8%A7%D9%84%D8%B5%D8%B1%D9%81

سعيد العمودي. (2021). *ما هو الفعل المعتل*.. تم الرجوع بتاريخ 1 يوليو 2022 إلى موقع موضوع أكبر موقع عربي بالعالم : https://mawdoo3.com/%D9%85%D8%A7_%D9%87%D9%88_%D8%A7%D9%84%D9%81%D8%B9%D9%84_%D8%A7%D9%84%D9%85%D8%B9%D8%AA%D9%84%D8%9F

سلسة الإدارة التعليمية. (2019). اللغة العربية الفصل الدراسي الثاني. مسقط: دار نهضة مزون للطباعة والنشر والإعلان.

ستيفن آر. كوفي. (2018). العادات السبع للناس الأكثر فعَّالية: دروس فعَّالة في التغيير الشخصي. بدون مدينة: مكتبة جرير.

وزارة العدل بدولة الإمارات العربية المتحدة. (2021, أبريل 29). بوابة القوانين والتشريعات. تم الرجوع إلى موقع وزارة العدل بدولة الإمارات العربية المتحدة: https://elaws.moj.gov.ae/mojANGULAR/index.aspx

يارا تعامرة. (2018). *تقديم المفعول به على الفاعل*. تم الرجوع بتاريخ 1 يوليو 2022 إلى موقع موضوع أكبر موقع عربي بالعالم : https://mawdoo3.com/%D8%AA%D9%82%D8%AF%D9%8A%D9%85_%D8%A7%D9%84%D9%85%D9%81%D8%B9%D9%88%D9%84_%D8%A8%D9%87_%D8%B9%D9%84%D9%89_%D8%A7%D9%84%D9%81%D8%A7%D8%B9%D9%84

شكر وتقدير

إن خروج هذا الكتاب بهذا الشكل الذي ترونه لم يكن عملًا انفردتُ به، بل شاركني في هذه الرحلة المباركة نفر كريم من الأصدقاء والزملاء الذين أدين لهم بالشكر والعرفان. لن يسعني أن أذكر أسماء الجميع، لكنْ سأجمع أمثلة ترد في هذه الصفحة دون أن يكون للترتيب أي دلالة خاصة.

أودُّ أن أشكر د. مصطفى محمد أحمد نصر، الصحفي وأستاذ اللغة العربية (وابن خالتي) الذي دقَّق الطبعة الأولى من هذا الكتاب لغويًّا ونحويًّا، وأشكر الأستاذ كارم عبد الفتاح محمد شرف الذي قام دقق الطبعة الثانية لغويًّا ونحويًّا، ومصمم الغلاف M A Rehman. كما أشكر أستاذتيَّ اللتين أدين لهما بالفضل وهما جينا أليكسندرس وجين برايس من كلية القانون بجامعة تورنتو (سابقًا). وأشكر أستاذي د. الرشيد حسن سيد المستشار القانوني بجامعة قطر، وبروفيسور إبراهيم أحمد الصادق الكاروري أستاذ الشريعة والقانون بجامعة أمدرمان الإسلامية، وأشكر أيضًا د. الواثق عطا المنان.

وأخصُّ بالشكر أسرة مكتب عبد العزيز الراشدي ومنذر البرواني للمحاماة والاستشارات القانونية (مكتب بي إس إي بن شبيب) بمسقط، وفي مقدمة الركب الأستاذ عبد العزيز الراشدي، والأستاذ منذر البرواني، والأستاذ أحمد الطاهر، والأستاذ عبد المنعم الرفاعي، وجميع الزملاء والعاملين بالمكتب.

أتقدم بجزيل الشكر للدكتور حسين الغافري عميد القانون بالجامعة العربية المفتوحة، وأشكر د. رياض البلوشي مدير قسم المعاهدات بوزارة العدل والشؤون القانونية (سابقًا)، وأشكر أيضًا د. صورية مزوز على دعمهم ومساندتهم. كما أخص بالشكر الأستاذ زاهر العزري من كلية القانون بجامعة السلطان قابوس، ود. طارق محمد أستاذ القانون بجامعة البريمي.

أتقدم بجزيل الشكر للدكتور علي الصديقي من دولة البحرين ، وللمحامية الأمريكية لورا فريدريك مؤلفة كتاب How To Contract، وللمحامية الأمريكية ندى النجفي مؤلفة كتابContract Redlining Etiquette .

وأحب أن أشكر زملائي وأصدقائي عمار محمد أحمد الحاج، وحمد الربيعي، وفارس الشرجي. وأشكر صديقي الأستاذ فضل الله سليمان المستشار القانوني وسكرتير مجلس الإدارة ببنك العز الإسلامي، والأستاذ حسام أحمد عمر المستشار القانوني المعروف بمسقط على دعمهم ومساندتهم في إعداد هذا الكتاب. وأشكر زميلي الأستاذ أحمد حسن عثمان المحامي بمسقط، والأستاذ نزار جعفر المبارك مدير مكتب مهند العامري للمحاماة والاستشارات القانونية بمسقط، كما أشكر الأستاذ محمد الطيب السعيد الشريك في شركة عبد الله النوفلي ومحمد الطيب للمحاماة (شركة مدنية للمحاماة) بمسقط، والأستاذ إبراهيم جبير من شركة ظفار للتأمين والأخ قريب الله الباز على دعمه على دعمهم وبذلهم للنصح والإرشاد. كما أشكر الزملاء الأستاذ جمال توفيق، والأستاذ د. حسام أحمد حسين، ود. عبد الباقي حامد محمد الجزولي، والأستاذ تاج الدين إدريس بابكر، المستشارين والقانونيين بدولة قطر.

وفي الختام أشكر أصدقائي: أحمد حمزة، والأخ الهادي ربيع عمر، والأخ إبراهيم سعد ، والأخ خليل الخير خوجلي بالولايات المتحدة، على دعمهم ومساندتهم.

نبذة مختصرة عن المؤلف

أيمن عبد الرحمن خير قاص وكاتب مهتم بتطوير اللغة العربية بصفة عامة والكتابة القانونية بصفة خاصة ، وهو مؤلف رواية سيف عينها الجزء الأول والثاني.

أيمن الخير مستشار قانوني في القانون التجاري بخبرات تزيد على 24 عاما في ممارسة القانون في كل من كندا والسودان وسلطنة عمان وهو محام مرخص من قبل نقابة المحامين في أونتاريو، كندا، وهو كذلك مسؤول إلتزام مرخص من قبل الجمعية الدولية للإلتزام (ICA) ببريطانيا.

يحمل أيمن العديد من المؤهلات والشهادات المهنية بما في ذلك درجة البكالوريوس في القانون من جامعة الخرطوم ودرجة الماجستير في القانون التجاري من جامعة جوبا، ودرجة الماجستير في القانون التجاري الدولي (GPLLM) من جامعة تورونتو وشهادة برنامج تدريب المحامين الدوليين (ITLP) من كلية القانون بجامعة تورنتو في كندا. كما أنه حاصل على دبلوم الدراسات العليا في إدارة الأعمال.

أيمن لديه مقالات منشورة في عدد من المجلات المتخصصة منها مجلة قانون الأعمال لمنطقة الشرق الأوسط وشمال أفريقيا (LexisNexis). للاطلاع على أحدث مقالاته الرجاء زيارة الموقع www.akhairlaw.com.

صدر أيضًا للمؤلف

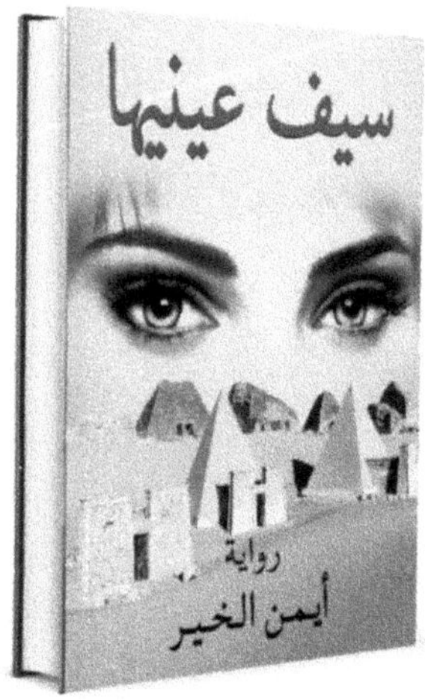

لمعرفة المزيد عن المؤلف والحصول على آخر الإصدارات الرجاء زيارة الموقع www.aimankhair.com

عند شراءك لأي من كتب المؤلف من أمازون، الرجاء ترك تعليق في المكان المخصص لذلك.

مس لصياغة قانونية رفيعة